［基金项目］云南省新学科培育计划立项建设学科"边境社会治理学"（云教发〔2022〕73号）阶段性成果

乡村振兴的云南边境实践：
人才振兴

主　编　彭靖宁
副主编　赵汪敏

东北大学出版社

·沈　阳·

图书在版编目（CIP）数据

乡村振兴的云南边境实践. 人才振兴 / 彭靖宁主编.

沈阳：东北大学出版社，2025. 5. -- ISBN 978-7-5517-3842-2

Ⅰ. F327.74

中国国家版本馆CIP数据核字第2025LJ7839号

出　版　者：东北大学出版社
　　　　　　地址：沈阳市和平区文化路三号巷11号
　　　　　　邮编：110819
　　　　　　电话：024-83683655（总编室）
　　　　　　　　　024-83687331（营销部）
　　　　　　网址：http://press.neu.edu.cn
印　刷　者：辽宁一诺广告印务有限公司
发　行　者：东北大学出版社
幅面尺寸：170 mm×240 mm
印　　张：9.5
字　　数：176千字
出版时间：2025年5月第1版
印刷时间：2025年5月第1次印刷
策划编辑：石玉玲
责任编辑：孙玉鑫　邱　静　乔　伟
责任校对：刘桉彤
封面设计：潘正一
责任出版：魏　巍

ISBN 978-7-5517-3842-2　　　　　　　　　　　定价：48.00元

《乡村振兴的云南边境实践：人才振兴》

编委会

主　编：彭靖宁

副主编：赵汪敏

编　委：王明春　　王　琪　徐炜然

　　　　卢阳凌冰　王旭明　徐伟森

　　　　严　茜　　周俊妤　杨玲茱

　　　　李兆生

序言

乡村振兴，是关系全面建设社会主义现代化国家的全局性、历史性任务，是新时代"三农"工作的总抓手。习近平总书记强调"民族要复兴，乡村必振兴"，为我们指明了前进的方向。《乡村振兴的云南边境实践》系列丛书的出版，恰逢其时，是对云南在乡村振兴伟大征程中积极探索与丰硕成果的生动记录和深度总结。

党的二十大报告明确指出，"全面推进乡村振兴。全面建设社会主义现代化国家，最艰巨最繁重的任务仍然在农村。坚持农业农村优先发展，坚持城乡融合发展，畅通城乡要素流动。加快建设农业强国，扎实推动乡村产业、人才、文化、生态、组织振兴"。这为乡村振兴战略的实施提供了清晰的路径和明确的目标。云南在实践中深入贯彻落实党的二十大和二十届三中全会精神，在"五个振兴"方面取得了显著成效。

产业振兴是乡村振兴的基础。在产业振兴上，党的二十届三中全会提出"壮大县域富民产业，构建多元化食物供给体系，培育乡村新产业新业态"。云南立足自身资源禀赋，积极探索特色产业发展之路。高原特色农业蓬勃发展，花卉、茶叶、水果等产业不仅在国内市场占据重要地位，还逐步走向国际舞台。同时，云南大力推动农文旅融合，通过打造"乡村文旅+特色民宿"的融合发展新模式，形成了丰富多彩的乡村产业振兴样本。

人才振兴是乡村振兴的关键。习近平总书记强调，要培养造就一支懂农业、爱农村、爱农民的"三农"工作队伍。云南积极落实这一要求，一方面通过政策引导，吸引了大批在外人才返乡创业，为乡村发展注入新的活力；另一方面，加强本土人才培养，开展各类农业技术培训和职业技能教育，培育了众多有文化、懂技术、善经营的新型农民，他们成为乡村振兴的中坚力量，在产业发展、乡村建设等各个领域发挥着重要作用。

文化振兴是乡村振兴的灵魂。云南拥有丰富多样的民族文化和历史文化资源，在乡村振兴过程中，各地注重保护和传承中华优秀传统文化，深入挖掘民族文化内涵，打造了一批具有地方特色的文化品牌。通过举办民族节庆活动、传承民间技艺等方式，不仅丰富了农民的精神文化生活，也增强了乡村的文化吸引力和凝聚力，促进了乡村文化与旅游等产业的深度融合，让文化成为推动乡村发展的重要动力。

生态振兴是乡村振兴的重要支撑。习近平总书记指出，"绿水青山就是金山银山"。云南牢固树立绿色发展理念，打造"生态文明建设排头兵"，加强农村生态环境保护和治理，推进农村人居环境整治，加强对洱海、高黎贡山等重点领域的保护，实施山水林田湖草沙一体化保护和修复工程。同时，积极探索生态产品价值实现机制，发展生态农业、生态旅游等绿色产业，让良好生态环境成为乡村振兴的支撑点，让绿水青山真正变成了金山银山，实现了生态效益与经济效益的双赢。

组织振兴是乡村振兴的根本保障。云南始终坚持以党建为引领，加强农村基层党组织建设，选优配强村党组织带头人，充分发挥党组织在乡村振兴中的战斗堡垒作用。同时，完善党组织领导的自治、法治、德治相结合的乡村治理体系，广泛发动群众参与乡村治理，激发群众参与乡村振兴的积极性和主动性，营造了共建共治共享的良好氛围。

《乡村振兴的云南边境实践》系列丛书中的一篇篇论文从不同角度、多个层面展现了云南在乡村振兴五大领域的实践探索和理论思考。它不仅是云南乡村振兴成果的集中展示，也是对全国乡村振兴工作的有益借鉴。希望这套丛书能够为广大读者提供有益的启示和参考，推动乡村振兴战略在各地更好地落地生根、开花结果，为实现农业农村现代化、全面建设社会主义现代化国家作出新的更大贡献。

王明春

2025年1月

目录

乡村振兴战略下腾冲市界头社区青壮年劳动力外流问题研究

边境彝区人口流动模式、特点及政策研究

边疆高校加强中华文化认同教育的路径研究

多元共治背景下边境村民参与乡村治理的路径探究

乡村振兴战略下腾冲市界头社区青壮年劳动力外流问题研究

徐永芬

我国是一个以农业为支柱的大国，农业产业在国民经济中占有至关重要的地位，农民是推动我国农村发展的主要力量。党的十九大报告提出乡村振兴战略，是解决我国社会发展主要矛盾的一项重要举措，是新时代做好"三农"工作的总抓手。党的二十大报告指出，全面建设社会主义现代化国家，最艰巨最繁重的任务仍然在农村。自20世纪70年代末实施改革开放以来，我国的城市发展驶入了快车道，越来越多的高质量资源汇聚到城市中。实现农村青壮年劳动力的有序转移，不仅是城市建设的必然趋势，更是推动农业现代化发展的有效措施，对整体经济起到了积极的促进作用。要提高农民的生产力、发展农村产业和乡镇企业，最终促进农民增收。

深刻认识并正确把握新时代城乡关系发展态势是落实乡村振兴战略必须具备的先决条件。实施乡村振兴战略是结合我国今后农业和农村现代化的趋势而做出的一项重大部署策略，是新时代农村工作的行动纲领。乡村振兴需要农村青壮年劳动力作为人力支撑，青壮年劳动力需要乡村振兴战略价值实现的政策保障。要坚持党管农村，发挥农民的主体地位，推进乡村全面振兴和城乡发展一体化。"三农"问题是关系国计民生的根本问题，解决好"三农"问题是全党工作的重中之重，解决好"三农"问题才能巩固好中国共产党的执政基础和力量源泉。

腾冲市界头镇界头社区目前不仅存在大量的土地流转情况，而且干季出现大量的土地撂荒情况。出现这些情况的最大原因是当地农村青壮年劳动力大量外出务工。探究界头社区青壮年劳动力外流的现状和原因，以乡村振兴战略为背景，提出改善青壮年劳动力外流的有效对策。需要激发青壮年回流的意愿，增强青壮年留在农村奋斗终身的持续动力。为促进乡村振兴，政府部门应加强对农村人力资源问题的关注，并制定相应的政策和措施，实现吸引人才、留住人才、振兴农村的目标。

一、概念界定

（一）乡村振兴战略

乡村振兴战略是对当前农业农村发展实际和未来农业农村现代化发展趋势的深刻认识和准确把握，是新时代开展农村工作的具体行动方案。建立健全城乡融合发展体制机制和政策体系，加快推进农业农村现代化。乡村振兴的核心在于以产业发展为引领，深入推进农业现代化，全面振兴乡村产业、人才、文化、生态和组织。实施乡村振兴战略，要坚持党管农村工作，坚持农业农村优先发展，坚持农民主体地位，坚持乡村全面振兴，坚持城乡融合发展，坚持人与自然和谐共生。

（二）乡村振兴战略与农村青壮年劳动力的关系

作为未来国家现代化进程中农业农村发展的总战略，乡村振兴战略所涉及的领域广泛，思路复杂，需要解决的难题众多，其中最为紧迫的问题是人才短缺问题。当前，我国乡村治理存在着对人力资源重视不够、人才缺乏以及人才培养体系不健全等问题，这都影响乡村振兴战略目标的实现。要想实现乡村振兴战略目标，需要一批具备能力、知识和干劲的年轻人才积极参与新时代农村建设。要将人力资本的开发置于发展的前列，积极培育新型职业农民、加强农村专业人才队伍建设，以及鼓励社会各界积极参与乡村建设。乡村振兴战略的实施，为农村青壮年劳动力的发展提供了强大的推动力。随着国家经济发展水平的提高和城镇化步伐的加快，我国乡村地区出现了人口外流现象。然而，乡村建设的进程会受到农村青壮年劳动力不合理流动的制约，这将进一步拉大城乡差距。因此，要实现乡村振兴，必须想方设法确保人才数量充足，以遏制青壮年劳动力大量流失。

二、界头社区农村青壮年劳动力外流情况及原因分析

（一）界头社区青壮年劳动力外流情况

界头镇位于腾冲市东北部，龙川江源头。界头镇总面积839平方千米，辖区内有界头、永安、大塘、周家坡、黄家寨、大营、贡山、高黎、界明、桥头、水箐、西山、永乐、新庄、白果、沙坝、张家营等28个社区，361个村民小组，679个自然村。界头社区是其辖区内劳动力外流较为典型的一个社区。近年来，我国"三农"问题备受党中央、国务院关注，每年年初发布1号文件，聚焦于该问题。长期以来，西部欠发达地区农村普遍存在青壮年劳动力严重外流的现象，这是一个值得重视和亟待解决的问题，需要各级党委、政府和社会广泛关注。基于此，笔者选取了具有一定区域代表性的腾冲市界头社区黄家窝村民小组为本次调查对象，采取访谈法进行调研，并在调查研究的基础上提出解决界头社区青壮年劳动力外流问题的有效措施。

黄家窝村民小组共有25户110人，其中劳动力75人，田地200多亩，农作物种植以水稻、油菜、烤烟为主，外出打工50多人，年收入3万元到4万元。由此可以看出，黄家窝村民小组的青壮年劳动力外流情况还是比较严重的。其中选取黄家窝村民小组的黄某进行访谈，由访谈得知黄某家庭成员4人，劳动力2人，有田地5亩，主要种植水稻、油菜、烤烟，目前种烤烟的田已租给其他人（地租0.3万元/年），年总收入4万多元。两人外出务工主要从事建筑和餐饮行业，田地有流转的意向，但无人接手。黄某认为，目前种田只能保证家庭的粮油需要，无法创造更多的收入，迫于生计压力只能外出务工，田地只能进行流转或抛荒。

纵观整个界头社区，外出务工人数相对较多，主要集中在浙江、江苏、广东一带。研究调研结果显示，外出务工人数逐年增多，界头社区下辖的村寨也有大量青壮年劳动力外流，"三留守"人员逐渐增多。农村青壮年劳动力大量外流不仅给农村社会带来诸多问题，也使"三农"问题不断凸显，需要社会的广泛关注和政府的对策改善。

随着农村青壮年劳动力的大规模外流，农业人口的老龄化和农村"空心化"现象日趋严重，从而导致农村社会经济发展缓慢，社会问题逐渐凸显。大量的农村青壮年劳动力涌向外地从事务工，这一现象给农村的生产和生活带来

了极为不利的影响。首先，部分村庄已经形成空巢村，这种现象可能是季节性的，也可能是长期性的；其次，留守老人因长期缺乏关爱而出现精神空虚、身体虚弱等现象；最后，大量青壮年劳动力涌向外地务工，导致土地荒芜严重，对农业的发展产生了一定的负面影响。

据笔者调查，外流青壮年劳动力以知识技能型居多，大学生毕业后，大多数情况下选择在外地工作并买房定居。相比于文化素质低的劳动力，知识水平较高的劳动力更易外流。笔者在与村民的对话中得知，众多村民期望自己的后代脱离农村生活，踏上求学之路，他们不愿意看到自己的后代再次回到故土，自身养老问题也不需要孩子操心。随着素质教育的推广，界头社区绝大部分青年人获得了中专以上学历，掌握了一定的知识技能，学成回乡的青壮年劳动力非常少，所以外流青壮年劳动力以知识技能型为主。另外，在界头社区外流的青壮年劳动力中，男性青年劳动力的数量明显高于女性青年劳动力，有一部分原因是界头社区男性人数比女性人数多，他们是家庭的主要劳动力和经济支柱，相较于其他家庭成员，他们的文化素质和技能水平都有着显著的优势。

（二）界头社区青壮年劳动力外流原因分析

从对界头社区的调查访问中可以看出，家庭收入不高、留在农村无事可干、想让孩子接受更好的教育等是导致农民外出务工的重要因素。

1. 产业及经济发展水平落后

受地理位置、交通状况、生活环境、基础设施等多种因素的影响，界头社区吸引外资的难度比较大，第二、第三产业发展非常缓慢。加之当前农业生产基本处于"靠天吃饭"的状态，大多数青壮年劳动力只能依靠外出务工来维持家庭生计。公共基础设施在我国农村的供给结构分布体系失衡、效能比较低。农田水利灌溉工程、农业基础设施不够充足，这使得农业产业发展不起来，农村经济发展比较落后。近年来，国家及政府在农村投入了大量的资金，但是从整体上来看，交通出行方面不够便利、医疗卫生基础设施比较薄弱、精神文化生活不够丰富等问题仍然存在。另外，界头社区的产业结构较为单一，以传统种植业为主，农业发展受自然因素影响大，青壮年劳动力缺失，人口老龄化加重，村民的收入得不到保障。乡镇企业欠发达，吸纳不了剩余的劳动力，这样势必导致人员外流。

2. 家庭负担过重，迫使农民外出务工

据笔者调查，农村家庭在教育、婚嫁和建房三个方面的开支最大。笔者通过与受访者交谈得知，在农村，供养一个孩子从高中读到大学毕业要花费近12万元。孩子长大婚嫁时，通常开支约15万元，建房则需20余万元。对于农民而言，在家务农不能维持现有生活和供养子女读书，只能通过外出务工赚钱。普通农村家庭在遭遇亲人因病入院、意外灾害和婚丧嫁娶等情况时，常常依靠借债来暂时化解危机。在城市中，教育、医疗等基础条件优越，一些中年有子女的农民，即使有一定的资金储备，也会选择进城务工，他们渴望为子女提供高质量的教育环境。于是，大量的青壮年劳动力便外出务工维持生活和为子女创造更好的教育环境。

3. 农业经济效益低，农业技术落后

农田灌溉基础设施建设不足，导致农民从事农业生产的条件比较恶劣、抗灾能力不足、种田风险较高。因此，农民所遗弃的田地大多是基础设施投入不足、水利等生产型基础设施差、田地分散、难以耕作和容易受到自然灾害影响的田地，这些田地难以转包。在界头社区的经济结构中，种植业占主体地位，但是总体生产效益比较低。鉴于国家对"三农"问题的高度重视，政府不遗余力地加大对农业基础设施建设的资金投入，以推进农业现代化的进程。近年来，我国农业机械化水平有很大程度提高，但仍处于初级阶段。农业经营模式的分散性、生产周期的长期性，以及受到自然条件的巨大影响，再加上风险高、效益低、收入较少等，导致农民在种植和耕作方面缺乏积极性。在这种情况下，有相当多的青壮年劳动力不愿从事农业生产劳动，选择弃田务工或外出经商，将自家土地留给妇女或老年人进行耕种，有部分妇女或老人因经济拮据也不愿继续务农而弃田务工。另外，因为留守妇女和老人的劳动能力不足，再加上照顾孩子等琐碎事务，所以他们基本上无法承担种田的艰苦劳动，大量土地被闲置下来，土地资源的利用率很低，浪费现象严重。

三、乡村振兴战略背景下界头社区青壮年劳动力外流的影响

（一）乡村振兴人才支撑薄弱

1. 乡村振兴主体缺位

随着21世纪的到来，长三角和珠三角城市群的第二、第三产业蓬勃发展，为农村青壮年劳动力提供了大量的就业机会，他们成为推动城市化进程的重要力量。随着农村几代青壮年劳动力大量涌入城市务工，农村青壮年劳动力流失严重，直接影响农村今后发展走向。当前，我国正处在城镇化加速推进的阶段，在此过程中，经济转型升级、产业结构调整等因素造成大批农业转移人口进入城市务工。在大部分农村地区，人口外流现象日益严重，各路英才纷纷涌向繁华都市，导致乡村人才逐渐减少，许多村庄沦为老年人和儿童留守的"空心村"，乡村"空心化"的问题阻碍着农业现代化进程的发展。在界头社区乡村振兴的进程中，青壮年劳动力扮演着至关重要的角色，他们是推动乡村全面振兴的中坚力量。因此，界头社区产业、文化、生态、组织的振兴要想尽快实现，必须下大力气抓好人才振兴，只有留住人才，才能振兴乡村。

在调研的过程中，笔者从与界头社区村干部的交谈中了解到，当前，无论是村组织治理人才、农业技术人才还是医疗服务人才等，界头社区都处于人才严重短缺的局面。因此，为了实现界头社区的全面振兴，必须弥补乡村振兴人才主体的不足，以确保村庄的可持续发展。另外，在新农村的未来发展中，素质教育是提高农村青少年素质的关键，特别是在农村基础教育方面。因此，必须从多方面入手解决当前农村中小学存在的问题，改善农村留守儿童辍学早的问题。增加农村相应的基础教育经费投入，提高农民农业技能水平。还要重视新型农民的培养，重视建设社会主义新农村对人才的需求，从而为农村的发展提供更加优质的劳动力。此外，政府应当积极支持地方农业职业院校的发展，推动当前农村职业院校的教育理念转变，真正以服务"三农"为导向进行教育，培养真正的新型农民，使其充分满足社会发展与生存发展的要求，真正成为农村经济发展与社会主义新农村建设的主力军。

在党的二十大报告中，习近平总书记强调，必须坚定不移地以人才为第一资源，深入实施人才强国战略，并坚定不移地以人才为引领，推动国家的发

展。据笔者了解，界头社区的自治组织中，学历低、年龄高者仍占据主流，自治组织缺乏活力。多数村干部存在着受教育程度低和年龄偏大的普遍问题，他们的观念比较陈旧和保守。农村青壮年作为我国农村人口中综合素质较好的群体之一，应该在农村基层社会治理中发挥重要指导作用。

2. 乡村持续发展后劲不足

国家的繁荣昌盛和长远发展，都离不开人才的支撑和贡献。实现乡村振兴，人才在我国经济社会发展中扮演着至关重要的角色，同时为在新时期加强农村基层党组织建设提供明确的指引。确保农村人力资源开发的政策引导机制，加强基层管理者管理能力，转变落后观念，从而促进农村经济的可持续发展。因此，建立健全农村人力资源开发机制对推动农村社会进步至关重要。目前，我国农村关键地区人力资源开发机制不足，特别是农村剩余劳动力没有得到合理的开发和引导，使农村劳动力综合素养逐步弱化，进而对农村经济蓬勃发展产生阻碍。大量青壮年劳动力的外流，使界头社区产生主要劳动力不足、劳动力素质普遍降低、农业技术推广有限、土地荒芜现象严重等问题，直接和间接弱化了农村生产力水平，导致农业经济发展缺乏足够的人力资本。此外，农村剩余劳动力转移和农民外出务工也对农村经济发展产生了一定程度的负面影响。

农村青壮劳动力外流，致使农村的发展与社会经济的进步出现了脱节的现象，先进的技术和知识无法快速而有效地传递到农村，同时国家的一些农业信息技术也未能得到充分的推广应用。另外，农村青壮年劳动力的外流造成人与户籍的长期脱离，出现"农民荒"，耕地抛荒现象严重等；人口老弱化，农民生活贫困；"三留守"问题较为严重，农业生产效益因农田荒芜而遭受削弱，村落"空心化"等问题不断浮现。乡村发展丧失活力，进而出现各种各样的问题。另外，界头社区年轻的村干部寥寥无几，农村社会事业推进缓慢，农村综合治理开展不力，这些因素都制约了新农村的建设。因此，对农村青壮年劳动力外流造成农村持续发展缺乏后劲等现象必须高度关注。

（二）青壮年劳动力外流阻碍了界头社区农业规模化经营

1. 阻碍农业现代化的发展

腾冲市界头镇耕地面积较大，气候湿润，适宜种植水稻、油菜、烤烟等农作物，但是目前不仅存在大量的土地流转情况，而且干季出现大量的土地撂荒情况，出现这些情况的最大原因是当地农村青壮年劳动力大量外出打工，只留下无力承担繁重体力劳动的未成年儿童和老年人。界头社区青壮年劳动力大量外出务工，造成土地大量撂荒，不利于农业现代化的发展。现如今，农业现代化是推动城乡融合发展的物质生产条件之一，在新时代乡村振兴战略中把"产业兴旺"摆在了首要位置，突出农业现代化发展水平对"三农"工作的决定性作用。农村青壮年劳动力的转移既导致农村劳动力结构性短缺又导致农业技术推广乏力，不仅阻碍农业现代化的发展，也不利于乡村振兴和发展。

2. 土地撂荒现象严重

目前，我国农村广泛存在土地荒芜的现象，出现大量闲置的土地，农村土地资源浪费严重，这种现象的出现与可持续发展的理念背道而驰，因此迫切需要找到问题的根源。随着我国城市化进程的加速，第二、第三产业快速扩张和发展，大量农村劳动力涌向城市务工，导致农村劳动力大量外流。同时，我国农村家庭结构发生巨大变化，越来越多的年轻人外出务工或经商，使得农村人口不断减少，从而导致耕地面积急剧缩小。此外，不当的耕作方式和我国土地产权制度的不完善，导致撂荒现象的出现，这一现象在现代社会中越发普遍。

笔者收集了大量的资料来探究我国农村土地撂荒的成因，并对其进行深入分析和解释。目前，农村青壮年劳动力尤其是劳动素质好的青壮年劳动力流失严重，致使留在农村务农的劳动力主要是妇女和老人，这部分群体不能承担高强度农业耕作而只能对土地进行粗放式的经营，致使农村土地抛荒严重。另外，农业生产成本较高，产出较少，风险较大，土地流转不畅和城乡差距不断拉大是界头社区抛荒严重的重要因素。不能忽视农村土地荒废的现象，虽然当前农村土地的荒废并未对国家发展造成重大影响，但若长期持续下去，必将带来诸多不利后果，所以应该尽一切努力去解决好这一问题。

（三）乡村留守人员增多，社会治安隐患增多

农村的外流人口主要是青壮年劳动力，留在农村的主要群体是老年人、儿童和妇女。多数情况下，很多农村家庭中既有留守老人，又存在留守儿童和妇女。在日常生活中，父母外出务工的留守儿童的生活、心理、教育等都得不到保障，缺少与父母的交流，性格内向、孤僻，容易产生心理焦虑，遇到问题不敢向老师或家长反映，心理压力很大，没有安全感，这些问题对留守儿童的心

理健康和成长产生很大的不利影响。丈夫外出务工使得留守妇女独自承担农业生产劳动、子女抚育、赡养老人等家庭责任，从而陷入劳动负担与心理负担并存的窘境。

在农村"空心化"的背景下，养老问题亟待解决。目前，农村养老保障体系依然不够健全，农村青壮年劳动力大量转移，导致留守老人缺少照应，情感无法得到寄托。许多老人仍然耕耘着自己或子女的土地，也有些老人靠从事小规模的商业活动、干零活及收集废品来维持生计。许多年迈的留守老人不仅面临基本的养老需求无法得到满足的困境，还要承担起抚养孙辈的沉重责任。因此，对于留守老人来说，除经济上的赡养和精神上的慰藉外，他们最需要的是子女的照料。根据笔者调查，界头社区的许多家庭在主要劳动力外出务工后，老年人不仅需要承担家中的所有农事工作，有些还需要照料留守儿童，压力很大。随着留守人数的不断增多，留守人群日常生活和精神层面无法得到满足，很难有效推进乡村治理体系建设，对乡村文明与和谐稳定造成不利影响。

四、避免界头社区青壮年劳动力外流的对策

（一）促进产业融合发展，为乡村振兴引人

1. 提升农产品的附加值，改变传统产业结构

目前，界头社区的经济作物以烤烟为主，农业结构比较单一，农业附加值也较低。界头社区出现大量季节性土地撂荒的情况，地方政府有必要积极探索土地流转的新方法，建立健全完善的土地流转制度。政府还要通过调整农村产业结构，引导农业多层次发展，推进农业产业链的延伸，以促进第一、第二、第三产业的有机融合和协同发展。通过招商引资，提高农产品产业附加值。

探索创新的农业适度规模经营模式，以推动农业生产效益的提升。通过农村土地承包经营权制度改革来推动农村劳动力转移就业。积极引导各地区根据当地实际情况，寻求一种适合自身发展的农业适度规模经营模式，以促进农业可持续发展。在这一过程中，要坚持政府主导，加大扶持的力度。另外，提倡建立紧密的利益联结机制，以促进农户和新型农业经营主体之间的专业合作、股份合作等，从而提升农民的经营收益，吸引当地青壮年劳动力回乡创业，建设家乡。

2. 发展壮大乡村龙头产业，增加优质就业岗位

界头社区现有乡镇企业数量少、规模小，吸纳就业人数有限，无法真正留住人才。为了解决乡镇企业融资难的问题，要采取一系列措施，包括招商引资、吸纳民间资金、放宽银行贷款条件以及提高贷款额度等措施。此外，乡镇企业在提高农民可支配收入、促进农村劳动力就业、增强农村集体的经济实力以及推动农村社会事业蓬勃发展等方面扮演着至关重要的角色。有了乡镇企业龙头带动和主力支撑，乡村振兴才有了坚实的物质基础，才能推动界头乡镇企业发展，从而拉动产业结构优化；养殖业和种植业升级发展，才能给农村剩余劳动力带来更大的就业空间，才能给青年人才带来更多的高质量岗位。乡镇企业既是利国利民之大民生工程，更是乡村振兴之关键。

为了推动界头社区各行各业的蓬勃发展，需要对产业结构进行调整，尤其应重视有特色旅游业的开发，并积极发掘利用本地丰富的自然资源与条件，促进相关产业的融合发展。大力发展旅游业及其相关行业，吸引较多投资，提高农民收入。在推动产业发展进程中应注重提升农民素质、强化农村基础设施建设和增加科技投入。为确保富民产业的稳定发展，必须致力促进农产品的加工和流通，延长产业链并提高附加值，以促进经济的持续增长。通过推动农产品的初步加工和深度加工，提升其品质，培育壮大农副产品生产企业和专业市场，提升农民组织化的程度，推动农业产业结构调整和转型升级，实现农民增收致富。需要积极探索新的产业和业态，以推动乡村发展。以乡村资源为基础，扩展农业多元化功能，挖掘乡村多元化价值，推动乡村休闲旅游、直播带货、农村电商等新兴业态，为社会创造更多就业机会。吸引人才回流，建设家乡，实现乡村振兴。

3. 优化农业经营模式，促进农业规模化和产业化发展

实现农民增收和加快新农村建设步伐是通过推进农业规模化和产业化的发展来实现的。农村青壮年劳动力大量流出导致农村"空心化"的现象越来越严重，这种现象极大地削弱了农业生产经营的积极性。土地的抛荒现象也越来越严重，这使得农业经营难以进行创新。这些问题的产生主要是因为我国目前还没有形成一套适合不同地区的农业经营方式，农户无法根据自身需求选择合适的生产方式来实现增收增效。为了促进农业经营模式的多元化，政府应当积极推动农家乐、旅游农业、生态农业等富有农业特色和效益的产业发展。此外，

要打造农业发展新模式,激活乡村振兴动力源。在党建、文化、民生服务等相关方面进行创新。通过转变农民从业观念、转变农业发展方式、转变农村社会建设模式等途径,引导农村青壮年劳动力有序流动。

推进农业规模化经营,善于运用国家对农村的项目资金,探索土地集约化经营的创新路径,加速土地流转,将土地有偿转包给有能力的经营业主或培育扶持种植养殖大户,通过规模化经营,提升土地资源的合理利用效率,同时有助于解决当地居民的就业问题。在推进农业规模化的过程中,要以市场为导向,按照产业化发展思路,因地制宜地选择主导产业和重点产业。另外,现代化农业要利用新型的生产方式,需要依靠科技进步不断地推动现代农业技术体系的建设。在实现现代化农业的发展过程中,农民需要付出不懈的努力,政府要提供支持与援助。要加大农业补贴力度和进一步健全补贴机制;加快新型职业农民培育步伐,加强对新型职业农民培训工作;积极推进农村金融服务改革,最大限度发挥财税杠杆和金融政策的协同效应;推崇多元化的投资模式,以促进新农村的建设。

粮食安全关系国计民生、社会稳定,耕地是保障粮食安全的根本,提高耕地质量是确保粮食安全的重要举措。加强耕地的保护制度,需要建立严格的土地管理制度、完善并执行土地保护法律、建立并完善土地有偿使用机制、努力营造良好的社会环境、健全土地承包责任制、加速土地有序流转、落实土地承包权和耕作经营权分离等,更好地实现耕地保护。必须严格遵守耕地保护标准,积极推进集中连片,建设高产稳产高标准农田,不断改善农业生产条件,切实巩固和提高粮食生产能力,守护好百姓的"米袋子"。另外,要调整产业结构,发展界头社区特色农业项目,依据当地产品优势、土地资源特点、市场需要等因素,做到产业布局合理,各村突出产品特色、壮大产业,促进农业规模化和产业化发展。

(二)完善公共服务功能,为乡村振兴留人

1. 加大农村公共设施建设投入,大力开展文化教育培训

乡村振兴离不开乡村人才的支撑。近年来,界头社区十分重视乡村水、电、路等基本设施建设,农村社区建设步伐加快。政府主导加强财政支持,激发市场主体的平等参与。在调整财政分配方式、强化公共资源合理配置、有序提高各村建设水平与质量等方面,政府要树立正确的政绩观,统筹运用公共资

源，突出问题导向，聚焦短板，重点向贫困地区、薄弱环节和重点人群倾斜，将各项资金用在刀刃上，既要满足村民合理需求，又要有利于村庄长远发展。人才是干事创业的第一资源，乡村振兴战略的实施对人才提出更高的要求。近年来，许多地方对大学生的关注程度不断提高。许多农村地区多年来很难脱贫，关键是缺少人才。当前，界头社区人才匮乏，因此培养人才就成了重点，应加大对村级人才的培训力度，并通过举办培训班等方式来培育乡土人才。特别要重视乡村实用人才培养，充分利用乡村田间地头和自然资源开展实地教学工作，不断提高农民素养和技能，加强乡土人才开发和培养，切实做到引导农民增产增收。拓宽选人用人渠道，搭建完善返乡创业服务平台。

2. 完善农村社会保障服务体系，均衡配置

一是坚持以人为本的发展理念，从群众需求出发，准确高效地为群众提供社会保障服务；二是促进科学布局、均衡配置。必须建立和完善农民基本的生产、生活和医疗保障体系，切实加强文化和体育基础设施建设，丰富广大农村群众的精神文化生活。

城乡一体化劳动力市场持续完善，要采取切实有效的措施增加投入，加强城乡沟通劳动力市场软、硬件建设和乡镇劳动保障平台及村级信息联络员的培养，努力构建完善以政府主导、社会化服务、市场导向为主的就业服务和培训体系。保护乡村现有劳动力，培育和吸引乡村产业发展需要的青年劳动力。进一步完善被征地农民社会保障机制，统一城乡居民基本医疗保险制度，适度提高农村养老金，探索建立农村养老金持续增长的长效机制。用改革创新精神，加快推进农村社会保障服务体系建设，为建立健全中国特色社会保障制度作出新贡献。

（三）优化人力资源培育体系，为乡村振兴育人

1. 政府为青壮年劳动力返乡创业提供支持引导

随着乡村振兴战略的实施，农村青壮年劳动力回乡创业符合"大众创业，万众创新"时代背景，政府应为农村青年创业就业解决困难，并给予积极、有效的政策扶持，以提高农村青年创业的成功率。在农业现代化水平不断提高的背景下，农业的发展亟须一支高素质、能力强、有担当的农村人才队伍。筑巢引凤，力争就地就近转移乡村富余劳动力。创造良好的招商引资、投资创业环

境，出台优惠政策与鼓励政策。着力拓展第二、第三产业空间，增加就业岗位，促进农村富余劳动力就近就地转移。

为了吸引更多的人才和技术进入农村，政府需要采取更多的激励措施，加大人才引进和农村人才回流的力度。对于那些在流动就业中积累了一定资金和见识的农民，政府应该提供免费的培训，采取资金扶持、减税免税和就业补贴等措施，以吸引他们回到家乡创业。树立农民创业的典范，以扩大带动示范效应为目标，推动农村经济发展。同时要加强政府政策引导与支持，建立有效激励机制，为农民提供更广阔的就业机会。随着越来越多的农村人才回流，他们将成为推动农村乡镇企业发展和新农村建设的引擎和引领者。宣传界头社区农村青壮年返乡创业激励政策，增强青壮年返乡创业的信心，引导更多从界头社区走出去的优秀青壮年投身返乡创业大潮。在优化创业环境方面，政府要加大"放管服"改革的力度，持续开展简政放权，简化青壮年创业的审批流程和办事手续，建立一个良好的创业环境，为乡村振兴吸引人才、留住人才。

2. 健全农村青壮年劳动力技能培训模式

抓好农村青壮年劳动力的技能培训，不断提高农村青壮年劳动力素质。加快农村城镇化建设步伐、提升乡镇基础教育水平，建立健全农村劳动力职业技能教育培训制度，根据市场需求拓展社会办学范围，积极开展职业教育，通过各种教育、培训等形式，帮助农民掌握新技能、提高劳动力质量、增加人力资本含量。鼓励农村青壮年为乡村振兴献计献策，为城乡人才融合集聚智力资源。给予他们在乡村振兴中施展才华、发挥才干的机会，通过一定的物质和精神奖励，增强他们建设美丽乡村的信心和勇气，在为家乡建设服务的过程中不断增强主体意识。对于农村青壮年劳动力的技能培育，要坚持"市场引导培训、培训促进就业"的原则，尊重广大农村青壮年劳动力的意愿，以市场用工需求信息为导向，结合农村青壮年劳动力的意愿和需求，抓好分类培训。唯有坚持城乡人才融合发展之路，人才振兴之路才会越走越宽。科学、合理的人力资源培育体系能够提升农村青壮年返乡创业成功率，助力农村青壮年迅速成才，唯有多管齐下，方能有效地控制农村青壮年劳动力的过度流失。

3. 引导、鼓励大学毕业生到农村就业、创业，强化新农村建设人才队伍

党的十七大以来，党中央制定了一项重要的战略决策，即大学生村官政策，其主要目标在于培养大批具备社会主义新农村建设骨干素质的人才。大学生是有知识、有思想、有理想、有朝气、学习能力强、接受新事物快、掌握技

能多的高素质群体，将这个群体引入农村基层工作，能为农村输入现代化、科学化的新思想，有利于乡村振兴战略的实施。大学生到农村任职，有利于拓宽大学生的就业渠道，解决一定的大学生就业难问题，能在一定程度上缓解城市就业压力。为了吸引和留住优秀大学生深入基层工作，政府应该采取一定的激励措施，激活大学生的主体活力，使大学生回乡创业，建设家乡，奉献自己的青春和热情。笔者在与界头社区村干部的交谈中得知，目前的基层组织缺乏年轻力量，组织队伍整体素质不够高。因此，引导和鼓励大学毕业生下乡就业创业，可以改变当前农村智力资源严重不足的状况，也可以从某种程度上改善当前城乡人力资源不均等的状况。界头社区引入大学生村官，为基层政府注入年轻力量，是非常有利于乡村振兴的一项政策。深入农村基层的大学生，积极参与新农村建设，为界头社区的经济社会发展注入活力。

五、结语

解决乡村振兴中人才问题，是实现乡村振兴的关键一步。我国作为农业大国，解决好农村发展问题不仅是构建社会主义和谐社会中的一个重大现实课题，也是新农村建设能否得以实现的主要基石。农村青壮年劳动力是乡村振兴中重要的人力资源，无论是知识技能还是创新创业，他们都有很大的优势。农村青壮年劳动力的流失直接影响乡村人才振兴，导致农村发展后劲不足，人力资源缺失进一步影响乡村产业融合发展、文化和生态文明建设的速度和成效。通过分析造成劳动力外流的具体原因，思考政府、社会和家庭应发挥什么样的作用、采取什么样的策略来解决此类问题。引进相关的农业产业，吸引农村青壮年劳动力在家乡创业，有效利用耕地产生经济效益，留住人才，发展家乡，提升留守老人和留守儿童的福利待遇。在农村公共服务体系的建设中，政府要扮演主导角色，致力完善其运作机制，切实维护好农民在就业、医疗、文化、健康等领域的权益，使广大农民能够得到较好的公共产品和服务，从而缩小城乡经济发展的差距，吸引农村青壮年劳动力回乡生产或经商，促进城乡协同发展。

参考文献

[1] 王俊程,武友德,赵发员.农村青壮年劳动力过度流失对新农村建设的影响与解决对策[J].北京工业大学学报(社会科学版),2009(5):6-11.

［2］　鞠倩丽.乡村振兴战略下平阴县 K 镇农村青年劳动力流失问题研究［D］.济南:山东财经大学,2020.

［3］　刘晓静.新时期农村劳动力断代危机的成因及解决对策［J］.农业经济,2022(7):61-63.

［4］　张博.多元共治视角下辽宁省农村人才流失问题探析［J］.人力资源,2020(22):30-31.

［5］　郑雅.山东省蒙阴县 M 村劳动力外流问题实证研究［D］.北京:北京邮电大学,2016.

［6］　刘军.浅谈农村土地撂荒的原因与对策［J］.农民致富之友,2015(20):35.

［7］　曹勇.中西部传统农耕区青壮年劳动力流失的危机与对策［J］.管理观察,2014(16):40-41.

［8］　张宇帆,高布权.陕北农村青壮年劳动力流失现象调查研究［J］.中国集体经济,2017(14):5-7.

［9］　王泽坤.乡村振兴背景下承德市农村人力资源开发与管理研究［D］.昆明:云南师范大学,2021.

［10］　谷穗.乡村振兴战略背景下人才振兴实施路径研究［J］.产业创新研究,2022(15):193-195.

［11］　朱荣.乡村振兴战略背景下乡村人才流失问题研究:以江苏省兴化市周庄镇为例［D］.湘潭:湘潭大学,2020.

［12］　蒋守福.从"剩余"到"优秀":农村人才流失之殇［J］.就业与保障,2012(Z1):90-92.

［13］　黄波.乡村振兴背景下的人才流失问题对策与分析［J］.农村实用技术,2022(4):46-48.

云南省临沧市沧源县翁丁寨虚空化问题探究

高富饶

党的十八大以来，国家加大经济体制改革的力度，不断调整经济产业布局，使东部沿海地区经济发展迅猛，东部各省市迅速富裕起来，吸引了大量边疆地区的务工人口，边疆地区出现虚空化问题。由于受区域边缘化、行政难兼顾、经济基础差等因素影响，边疆地区人口减少，出现土地闲置、抛荒弃耕现象。边境虚空化问题如果得不到有效的解决，就会影响经济发展及地区和谐稳定。

针对边疆地区客观存在而又难以短期解决的问题，笔者利用文献法、调查法、历史法等，对云南省临沧市沧源县翁丁寨进行调查，寻找问题背后的原因。从认识问题或者解决问题的角度来看，需要综合各方（结构）的因素来加以全面分析，进而更加准确地把握和认识此类问题，并为解决问题提供有关建议，希望通过研究，为边境治理提供决策参考，以促进边疆地区的稳定与发展。

一、边境村落虚空化相关概述

（一）边境村落

边境村落是陆地边境特定区域的村落形态，是指因村民抵达、紧挨或靠近边界线居住而形成的村落形态。边境村落一般比较偏远，居住的多数是少数民族，如云南边境居住有哈尼族、白族等。边境村落生产水平落后，有的村落还在用原始的生产方式进行耕种，农业收成低，居住的人数不多。在原来大的边境村落，由于生产力发展比较滞后，有的村民为了调整经济结构和拓展增收渠道，搬到生产生活条件较好的地区。

（二）边境村落虚空化

所谓空间的虚空，一般指在一定的时空当中，某一空间人口、物质、精神等方面出现空洞及偏移。物质的虚空是生活物质条件缺乏。精神的虚空是所在群体对其他空间的向往或者认同。所谓边境虚空化特指在边疆的空间区域中，一般是国家边界线内侧25千米范围内的地区，所呈现出来实体存在和精神文化的整体削弱趋势。它是边境地区虚空的一种态势或过程，是边境区域内的人口稀少、外流、流失的现象，它包括边境乡镇、村落虚空化态势，特别是边境村落虚空化最为凸显。具体来看，边境村落虚空化并非内地一般区域的人口外流或流失等现象的概括，而是发生在边境场域的特殊人口流动现象，是关乎守边、固边、稳边的重要边境治理问题，会直接影响边疆的安全、稳定与发展。

边境村落虚空化主要表现在边境村落内部及周围的特殊人口流失或者搬迁，村落无人居住，土地无法开发及耕种等现象。例如，村民根据自身的生活条件，并与收益高的地区进行对比，自主向收益高的地区流动，如向内地城市发展，或者向收益高的中心城镇流动，比在当地耕种有更高的收入，由此产生了群体性的空间中心化流动，使原居住的村落出现虚空化。边境村落虚空化带来巨大危害性，具体表现如下。

一方面，对边境安全产生严重挑战。边境居民是维护边境安全稳定的重要群众基础，长期生活在边境地区的居民对当地地形、小路、水文、气候、居民构成、异常活动等有着细致入微的了解。如若边境居民大量流失，客观上会使得边界线的守护屏障弱化。随着人烟日渐稀少或人类活动频次减弱，边境的稳固将面临重重考验。尤其当边境虚空与跨界民族、跨国婚姻、跨国犯罪等问题相互交织纠缠时，稳固边境将会压力倍增。

另一方面，给当地经济发展带来阻碍，拉大与发达地区之间经济发展的差距。边境村落虚空化造成人口流失的同时，给当地的经济发展带来阻碍。不少边境村落人口流动，尤其是年轻人流动，只有老年人留在村落。老年人无力生产，进一步导致边境村落的空虚，当地的农业、工业发展受到影响，从而制约当地的经济发展，造成当地经济的落后。

（三）治理边境村落虚空化的意义

我国陆地边界线长，边界情况复杂。边境虚空化是发生在边境场域的特殊人口流动现象，是关乎守边、固边、稳边的重要边境治理问题，会直接影响边疆的安全、稳定与发展。因此，目前，加强边境地区虚空化治理具有必要性及紧迫性。

1. 加强边境村落虚空化治理，是巩固国防的需要

我国边界线长，边防是否安全，关系到国家安全。我国有大量的边防居民，这些居民是维护国家边防的重要力量。如果边防居民大量向内地迁移，一旦外敌入侵，就会出现边境缺少抗击外敌入侵力量的现象，就会影响国家边防安全。加强边境村落虚空化治理，发展当地经济，稳定留住边防村民，才能巩固边境，维护边境安全，确保国家领土安全。

2. 加强边境村落虚空化治理，是经济社会发展的需要

随着边境农村市场经济的发展和利益主体的多元化，边境如果不加强治理，就会影响边境区域经济的发展。边境虚空化现象越严重，边境地区的经济就越受到影响，村民的收入就会越少，村民生活也越受到影响，就越不能使村民过上富裕的生活。因此，只有加强对边境村落虚空化的治理，才能促进边境村落的经济发展，使村民安居乐业。

3. 加强边境村落虚空化治理，是文化发展的需要

我国边界线漫长，居住着许多少数民族，这些少数民族有独特的文化，也有悠久历史及光荣传统。文化是少数民族的血脉及灵魂，是精神家园，经过数千年的发展，形成了各异的文化瑰宝。通过加强边境村落虚空化治理，开展丰富多彩的少数民族文化活动，能够更好地促进当地民族文化的发展，增强民族文化自信。

此外，通过边境村落虚空化治理，处理一些边境村落的腐败问题，能够弘扬清正廉洁的价值观，塑造良好的村干部形象，使更多的村民拥护共产党领导，坚定信仰，形成良好的政治生态，促进边境村落发展。

4. 加强边境村落虚空化治理，是对外交流合作的需要

目前，不少边境地区居住着不同的民族。这些民族之间交往频繁，进行着民族之间经济、文化的交流，尤其是民族文化的交流比较深远。"十一五"期间，我国加大了少数民族和民族自治地方的对外交流与合作力度，支持民族自治地方参与全球性、区域性、双边性、多边性合作。扩大少数民族对外交流，实施民族文化"走出去"战略。通过采取有效措施探索和研究民族文化的保护、传承、利用和开发的问题，以及经济建设与精神文化共同发展的问题，可以促进民族之间的交流，增进沟通交流、互信互爱的民族关系，从而铸牢中华民族共同体意识。

二、翁丁寨虚空化的发展态势

（一）翁丁寨地理位置情况

沧源县勐角乡地处沧源县北边，辖勐角村、控角村等9个行政村，其中，翁丁寨隶属于沧源县勐角乡，属于典型的边境村落，距沧源县城约40千米。目前，翁丁寨有105户380人，均为佤族。翁丁寨保留佤族原始宗教、生产生活习俗和建筑风格，有佤族图腾、寨桩、祭祀房、神木、木鼓房及传统家庭式的手工艺作坊。翁丁寨不仅是佤族传统历史文化的自然博物馆，还是云南省第一批非物质文化遗产保护单位及历史文化名村，为旅游景点区。

（二）翁丁寨虚空化隐患现状

翁丁寨耕地面积3043亩，人均耕地2.7亩，林地14796.8亩。该村以种植业为主，主要粮食作物是水稻，经济作物以茶叶为主，还有甘蔗、核桃等。2019年，该村经济总收入238.10万元，农民人均纯收入4579元。目前，该村有88名老人，占该村总人口的23.2%。近年来，该村青壮年纷纷外出打工，务工收入占村民总收入的比例越来越大。随着外出务工人员数量的持续增加，该村出现了严重的虚空化现象。

1. 人口流失问题突出

近年来，沧源县与周边省市的经济发展水平差距进一步扩大，不少村民外

流。尤其是不少村民不再认同贫穷落后的生活方式，追求好的发展环境，纷纷流向发达地区寻求发展。至此，在边境村落空间，出现从物质到群体、从群体载体到群体认识，全面呈现出虚空化状态。尤其是许多青壮年村民纷纷外流，阻碍该区域发展。例如，2017—2019年沧源县翁丁寨青壮年流失加剧，情况见表1。

表1　2017—2019年沧源县翁丁寨青壮年（20—45岁）流失情况统计表　单位：人

项目	2017年	2018年	2019年
翁丁寨总人口	812	620	380
青壮年流失人数	128	202	220
所占比例	15.8%	32.6%	57.9%

表1显示，2019年，翁丁寨青壮年流失人数为220人，占比高达57.9%，人口流失严重，影响当地经济的发展。

2. 耕地、林地抛荒现象加剧

青壮年外出打工，该村耕地主要依靠老人，而老年人年老体衰，无力耕地，导致耕地抛荒现象越来越突出。笔者到该地进行调查发现，林地抛荒现象也很突出。该村2017—2019年抛荒情况见表2。

表2　沧源县翁丁寨耕地、林地抛荒情况表　单位：亩

项目	2017年	2018年	2019年
抛荒耕地	128	329	458
抛荒林地	223	385	588

表2显示，耕地方面，2019年比2018年抛荒耕地多129亩；林地方面，2019年比2018年抛荒林地多203亩。若照此下去，耕地、林地抛荒现象将越来越严重，影响今后经济结构调整，会出现相关的产业危机。

3. 生活集聚地收缩

随着边境村落人口的减少，村民居住地逐步收缩。有的原先有几个自然村，后来由于不少自然村没有人居住，当地镇政府召集村民开会，把零散的几户村民搬迁到人口多的村民小组居住，方便管理。以翁丁寨为例，原来居民分散居住的面积比较广阔，但到2019年，居住地收缩，村民集中居住，附近的房屋逐步衰败，无人居住，变得空旷。

4. 护边、固边力量削弱

长期以来，村民是护边、固边的重要有生力量。在新中国成立初期，大量的村民参加守护边境工作，保障边境安全。据了解，翁丁寨原来参加护边的青壮年有 168 人，但到 2019 年，由于村民外出谋生或迁离故土，出现了人烟稀少的现象。参加护边的青壮年只有 8 人，明显缺乏护边人员，从一定程度上看，影响国家边境安全。

三、翁丁寨虚空化的原因分析

目前，造成翁丁寨边境虚空化的原因很多，主要包括以下几个。

（一）自然基础条件较为恶劣

翁丁寨位于我国西南地区，云南省的西南部，地理位置偏僻，处于深山野林，森林密布、山峦层叠起伏。翁丁寨通往外界的道路比较曲折，是弯弯曲曲的小道，常年云雾缭绕，日照少，昼夜温差大，不利于农作物生长。翁丁寨自然资源少，农作物偏少，主要是水稻。目前，该村存在就医难的问题，虽然能够通电，但村民的生活条件较差。为了改善生活条件，有的村民外迁，导致边境虚空化，增加了稳固边境的压力。

（二）经济社会发展水平相对落后

翁丁寨地理位置偏僻，交通不便，导致当地的经济发展滞后。基础设施差，农业经济缺少有利的发展条件。在农业生产发展方面，缺乏有效的规划及战略指导，农产品标准化和质量化没有保障，市场信息指导滞后，农产品滞销，严重影响经济发展。此外，许多村民的文化素质偏低，全文盲和半文盲的概率居高不下，影响农业科技的推广。当地的经济社会发展水平相对落后，当地青壮年外出务工，导致翁丁寨虚空化程度加重，影响经济发展。

（三）边境国家发展对我国边境村民影响极大

当今世界，经济高速发展，出现了经济全球化趋势。不少发达国家积极实施全球化战略，进行经济文化的渗透。我国也积极加大改革开放的力度，与边境国家进行经济贸易。这些边境国家对我国的边境村民生产生活产生影响。目前，西南相邻国家或地区与我国选择了不同的发展路径，对我国边境秩序和村民生活生产造成了巨大影响。

四、防范和治理边境村落虚空化的对策

边境村落虚空化问题的产生是一个长期渐变的过程，若不重视边境村落虚空化的治理，则会影响边疆的安全稳定，影响边疆的可持续发展。因此，必须采取有效的措施，加强治理，以确保边防安全、国家安全。

（一）建立健全监测和预警机制，及时发现边境村落虚空化问题

目前，边境村庄虚空化严重，与缺乏科技的监测有密切的关系，因此，必须加强对边境村落虚空化的宏观监测、科学评估与及时预警。要进一步明确边境地区政府的责任，加强对边境流动人口的监测，完善排查，掌握人口流动的动向，对边境村落人口变化进行有效的实时监测和迅速准确的预报，为有效处置、最大限度减少边境村落虚空化奠定基础，包括对人口流动事件的识别、初期评估和事件预警。要对重点人员、重点行业、潜在危险区域的人口流动事件进行科学分析评估，并及时将预测预警信息上报给党委、政府，使政府能够果断决策、从容应对。另外，随着科技的迅猛发展，不少科技对预防边境村落虚空化问题的产生起到重要的作用。目前，"3S"技术〔全球卫星定位系统（GPS）、遥感技术（RS）、地理信息系统（GIS）及其集成技术〕具有高效性、便捷性及科学性等特点，这些技术在边境村落虚空化监测方面起到重要的作用。例如，利用这些技术，能够掌握边境人口分布、产业、交通等大数据资源，及时掌握边境人口的变化规律，为陆地边境治理提供决策研判。因此，要不断强化科学技术手段，切实创新技术、加强提升监测装备投入。要构建科学评估边境村落虚空化的指标体系。对可能出现虚空的区域，做到早发现、早预警，早防范、早治理。

（二）注重边境治理智库建设，强化治理政策研究

我国边境村落虚空化的治理政策必须在党的领导下，运用国家和社会的资源，动员社会力量。要深入对边境进行政策的调查研究，制定国家边境战略，把边境政策战略与地缘政治战略、外交战略等统筹考虑。要深入分析边境地区的区域及地缘等，深入研究边境地区的共性及差异，探究不同边境地区的治理

政策之道。注意收集研判边境国家的边境政策等情报信息，运用比较思维，比较不同国家的边境治理政策的优势及弊端，借鉴治理的经验，完善治理政策，营造良好的政治治理环境。此外，党的十九大报告指出，要重视新型智库建设，发挥理论创新、咨政建言等功能，通过边境政策和制度解读、阐释、宣讲、评估等，推动边境政策实施，让边境村落居民了解国家边境政策，维护国家利益。

（三）加快边境村落发展，强化人口聚合力

边境地区经济环境滞后，是导致边境村落虚空化的主要因素。因此，国家要加大对边境地区的投入力度，加强对基础设施、公共事业的投入，改善交通、教育、就业环境，惠民护边。

1. 加强基础设施建设，改善生产生活条件

加强边境村落的基础设施建设，改善村民的生活条件，以促进当地经济发展。目前，不少边境村落交通不顺畅，影响村民出行，因此，发展边境地区经济，必须搞好基础设施建设。完善的基础设施是发展经济、稳定民心的前提，因此，政府要加大边境村落基础设施建设的财政支持力度，按照先近后远、先易后难的原则，加快道路、饮水等基础设施建设，通过改善生产生活条件，发展经济，留住村民。

2. 因地制宜，发展特色产业

目前，不少边境村落有独特的农业品种，还有不少没有开发的矿产资源。因此，边境地区政府要按照产量高、品质优、效率强、原生态、重质量的要求，优化调整边境村落农业结构；转变发展方式，加快建设边境村落有特点的农产品产业带，积极创建特色农业、确保食品的环保和原生态。比如，要按照既定产业定位，巩固成效。要根据边境村落的农业资源优势，大力发展特色农业，发展一些具有农产品特点、农产品品种丰富、有创造力的重点村，逐步形成"村村不同"，以提高农业差异化竞争力，从而提高村民的收入，促进边境村落产业发展。

3. 借助乡村振兴战略，兴边富民

近年来，国家决胜脱贫攻坚，开始推动乡村振兴，边境村落要借助国家战

略之便，推动各方面发展，实现兴边富民的目标。

首先，巩固扶贫工作，消除绝对贫困。不少边境地区政府不断加强扶贫工作，增强扶贫成效。固边宜先富民，消除贫困才能筑牢边防线。因此，要完善扶贫项目规划。扶贫项目是规划编制的核心内容。扶贫项目要具有鲜明的针对性、多样性，要认真研究，精心规划一批适合贫困边境地区的扶贫项目，切忌多而全、小而散，要优先解决贫困村民的人畜饮水、卫生设施等问题，以促进贫困边境地区社会发展结构的优化。要认真做好边境地区贫困户脱贫的规划。要统筹兼顾，既要考虑脱贫与发展的项目资金需求，又要考虑扶贫资金供应的可能；要根据每个边境村落的实际情况，充分考虑贫困村民的意愿，是否能够使扶贫项目顺利实施。充分利用因户施策的办法，逐镇、逐村、逐户确立帮扶措施、帮扶责任人、帮扶项目和帮扶资金，一村一策、一户一法：深入贫困一线，制定扶贫措施，对因病因灾丧失劳动能力的，实行政府救助兜底扶贫；对于文化程度低的，实行教育、技术培训智力扶贫；对于自然环境好的，实行农业生态旅游扶贫；对于有特色农业的村庄，推行特色产业扶贫，分类指导、分类扶贫。通过完善扶贫开发机制，真正使贫困户脱贫，促进边境地区经济社会发展，改善边境地区各族民众的民生状况和生产生活体验，改善生活环境，使边境居民安居乐业。

其次，加强边境地区城镇化建设。要因地制宜，通过开发建设边境经济合作区推进边境地区的城镇化。积极采取建城实边、建城兴边、建城戍边、开发边境旅游资源、打造沿边经济带等措施，尽量防止青壮年的流失，促进资源聚集，促进边境地区的社会经济发展。

最后，不断提升整体村民素质，增强群众自我发展的能力。以需求响应和提升实效为导向，政府主导整合外来力量支持，构建村民可持续发展的基础力量和载体。通过发展经济，改善生活居住环境，使村民安居乐业，促进经济的发展。

（四）增强村民国家意识，提升固边守边自觉性

边境村落出现虚空化现象，涉及各方面的因素，一些村民缺乏政治大局意识，没有积极主动参与国家边防保卫工作。因此，边境地区政府要积极动员社会各界参与边境村落虚空化治理工作，形成有效的系统，逐步形成非政府组织参与边境村庄虚空化治理的社会机制。要动员广大村民参与边境村落虚空化治理，激发村民内生动力，调动村民的积极性、主动性，切实形成国防主体意

识。要强化村民国防教育，提高国家安全意识。要广泛宣传和认真贯彻国家安全政策，要通过报刊、电视、手机短信、悬挂横幅、设置固定宣传栏等多种村民喜闻乐见的方式，开展国家安全政策的宣传。要积极借助广播、电视、网络等媒体，定期利用新闻报道、公益广告等形式，积极普及国家安全知识，向村民报道边疆安全防护常识，宣传相关政策法规，引导村民自觉依法维护国家安全。要强化文艺表演宣传活动，通过文艺表演的形式，宣传守边疆的英雄事迹。以爱国、爱教、爱边疆为核心的文化事业是居民能够安居边疆、安居乐业的精神支柱。如果生活在边境村落村民精神生活丰富，且有以爱国为核心的价值观指导自己的行为，那么边境村落村民自然就会成为戍边的有生力量。要强化国防教育，提高国家边疆政策宣传和实施力度。不断提高村民对外交往能力和维护国家主权的意识，打牢守边、护边、固边的民众根基，形成强大的边防力量，确保边疆安全。

（五）实施激励政策，鼓励民众守卫及建设边境

边疆民族地区，地理位置偏远，经济发展相对落后，客观条件限制当地居民参与建设边境地区的积极性。虽然近年来，国家对边境地区的建设高度重视，出台了一系列对边境地区的激励政策，但存在落实力度不到位的现象。因此，国家要进一步加大对边境地区的扶持力度，出台更切实可行的激励政策，鼓励民众扎根边境、建设边境、守卫边境。

其一，加强对村民补贴政策的监督检查。目前，国家对边境地区的居民进行了财政补贴，只有按时足额发放村民补贴，把国家给予村民的特殊优惠政策用实用好，才能使村民安居乐业，才能助推村民更快增收致富。

其二，加强对当地村委会及基层干部的激励。边境村落要留住公务员，避免人才流失，要提供物质激励，仅仅靠边境村落的经济实力无法留住人才。因此，国家财政要对当地村干部增加补贴。此外，要加强相关的住房、医疗津贴，保证边境村落的公职人员能够获得更多的物质激励，提高生活水平，放心工作。

其三，加强对村民参与保卫边境的激励。边境村落有不少村民代表，他们有责任心，是守卫边境的重要力量。因此，国家要对这些村民代表给予一定的物质激励，使他们安心参与到守卫边境的伟大事业当中。

其四，实施金融优惠政策。要加强对村民金融政策的扶持，对村民参与银行贷款发展生产给予一定的贴息扶持，解决村民在生产或创业中资金不足的问

题，使村民能够安居乐业，发展地方经济。

其五，加强文化扶持。对于边境村落的村民来说，要满足物质及精神生活，提高认识，牢固树立保卫边境的责任心。因此，要大力强化文化的扶持，积极发展以爱国、爱教、爱边境为核心的文化事业，使村民在边境能够安居乐业，使村民扎根边境、守卫边境、建设边境。

（六）加强边境地区治安守卫力量，保障村民安全

村民作为国家主权的体现和充实边境的主体，其人口的虚实事关国家疆土的安全和稳固。在边境村落，要积极打造共建共治共享的社会治理格局，打造人人有责、人人尽责的社会治理共同体。边境村落要组建护边员、界务员、护林员、治安员等队伍，发挥维护边境前沿安全稳定、打击各类违法犯罪活动的作用。尤其要挑选人员，组织治安队，打造政治坚定、素质过硬、装备精良、水平一流的边境村落治安队伍。要加强护边联防队伍建设，不断筑牢联防联治的铜墙铁壁。要加强戍边群众力量建设，构建坚不可摧的人民防线，不断加强边境地区治安守卫力量，保障村民安全。

五、结语

总之，边境村落虚空化是涉及国家经济发展及国家安全的问题，从城市化、现代化的角度来看，它是难以避免的现代化结果。由于我国边界线长，边境虚空化问题日益突出，加强边境村落虚空化治理是一个重要的课题，需要国家、政府、社会持续关注，共同谋划。要采取健全边境虚空化治理的监测和预警机制，强化对边境治理政策的研究，加快边境地区发展，提升政治公共意识等有效措施，强化科学治理，进而巩固边防、维护疆域安全，促进边境地区的长足发展，实现国家繁荣昌盛。

参考文献

［1］ 白利友,谭立力.基于全球夜间灯光遥感数据的中国西南边境虚空化考察［J］.云南师范大学学报(哲学社会科学版),2017,49(4):9-15.

［2］ 刘雪莲,刘际昕.从边疆治理到边境治理:全球治理视角下的边境治理议题［J］.教学与研究,2017(2):58-68.

［3］ 徐黎丽,杨丽云.边疆山村空巢化原因及解决途径:基于云南BMK村和甘肃HL庄的调查［J］.北方民族大学学报(哲学社会科学版),2017(1):38-43.

［4］ 白利友.中国的陆地边境治理及其研究［J］.新视野,2017(5):28-34.

［5］ 郑永年.关键时刻:中国改革何处去［J］.理论导报,2014(12):60.

［6］ 周平.国家崛起与边疆治理［J］.广西民族大学学报(哲学社会科学版),2017,39(3):2-9.

［7］ 赵永平.中国城镇化演进轨迹、现实困境与转型方向［J］.经济问题探索,2016(5):130-137.

［8］ 方盛举,吕朝辉.论中国陆地边疆的软治理模式［J］.云南行政学院学报,2016,18(1):40-48.

［9］ 张照新.以乡村振兴战略引领新时代农业农村优先发展［J］.人民论坛·学术前沿,2018(3):34-39.

［10］ 廖林燕.应加快边疆民族地区乡村的振兴［N］.社会科学报,2017-11-09(2).

［11］ 方天建.乡村振兴视野下的中越边境地区"空心化"问题研究:基于滇桂交界地区的实证考察［J］.民族学刊,2018,9(6):34-43.

［12］ 王江成.陆地边境虚空化的"抵边村落"观察:以云南省H边境县某"抵边村落"为个案［J］.贵州师范大学学报(社会科学版),2018(4):59-66.

［13］ 周雷.点击边境"跨国互动"［J］.瞭望,2007(31):34-35.

［14］ 何海明.推进边疆民族地区乡村振兴的路径研究［D］.呼和浩特:内蒙古大学,2019.

［15］ 邱博文.我国边疆治理视域下的西藏地区边境治理研究［D］.拉萨:西藏大学,2019.

［16］ 韩珊.以乡村振兴战略引领新时代农业农村优先发展［J］.河南农业,2018(26):56.

［17］ 孙保全,夏文贵.中国边境治理研究:从单一视角转向复合视角［J］.西北民族大学学报(哲学社会科学版),2018(3):16-22.

［18］ 曾豪杰.安全与现代化:中国边疆治理初心与使命:第四届中国边疆学论坛综述［J］.中国边疆史地研究,2017,27(1):175-178.

［19］ 周平.我国边疆研究的几个基本问题［J］.思想战线,2016,42(5):64-72.

［20］ 吕朝辉.当代中国陆地边疆治理模式创新研究［D］.昆明:云南大学,2015.

［21］ 周平.中国的崛起与边疆架构创新［J］.云南师范大学学报（哲学社会科学版），2013，45（2）：15-22.

［22］ 谢静，魏靖，田静.云南边境民族地区农村人力资源开发策略［J］.合作经济与科技，2019（20）：148-153.

［23］ 刘芬，吴昊.筑起中缅边境的坚固长城［N］.德宏团结报，2019-09-29（4）.

［24］ 胡美术.中越边境的"空心村"治理实践研究：以东兴河洲村为例［J］.黑龙江民族丛刊，2016（6）：45-51.

边境彝区人口流动模式、特点及政策研究

——以木城彝族傈僳族乡为例

杨东会

2016年年末，我国流动人口达2.45亿人，是全面建成小康社会的一支生力军。本文流动人口中，以6个月的时间为流出人口的衡量标准。流入人口的衡量标准分为国内流入人口和跨国流入人口，国内流入人口以6个月为衡量标准；跨国流入人口指周边国家流入我国边境地区的人口，可分为短期流动和长期流动，短期流动为3个月以下，长期流动为3个月及以上；其中涉及跨国婚姻的缅甸女性人口均简称缅甸媳妇。涉及数据时间节点截至2017年12月31日。

一、木城乡人口流动基本情况

木城彝族傈僳族乡（以下简称木城乡）隶属云南省保山市龙陵县，属于山区，位于龙陵县南部怒江下游北岸，南与缅甸果敢县幕太乡隔江相望，有国境线19.71千米。主要产业为种植业、养殖业，主要农产品烤烟销往省内，甘蔗、粮食、木薯、肉猪、肉羊等销往县内。

2017年，木城乡户籍人口共9363人，少数民族3891人，其中彝族有2786人，占全乡总人口的29.76%；农村经济总收入1.29亿元，较2016年增长7.71%。农民人均可支配收入9907元，较2016年增长7.71%。彝族人口主要分布在花椒村、老满坡村、乌木寨村和木城社区，境内彝族属香堂人支系，只有语言，无文字。随着社会经济发展水平的不断提高，民族地区的跨区人口流动规模不断扩大，这是一个必然趋势，符合人口流动的一般规律。此外，当地

人口流动还呈现出以下特征：首先，民族地区出现国内流入人口比例减小、流出人口比例增加，跨国流动人口逐年增加，并不断向周边地区辐射的情况。其次，流出人口整体文化素质不高，以男性青壮年为主；流入人口所涉跨国婚姻全部为缅甸女性与中国男性缔结，相对而言流入跨国务工人口的男女比例差距较小。最后，当地人口整体文化素质低，缅甸流入人口整体文化素质较低。

（一）流入情况

2016年的人口流动统计资料显示：归纳起来，边境彝族地区的流入人口基本分为务工流入人口和跨国婚姻流入人口，由于边境地区的经济发展较为落后，基本没有其他外来人员流入。人口流入的主体多为缅甸媳妇和缅甸的务工人口；人口流入的形式主要是跨境长期流动、季节性流动；人口流入的目的以追求经济利益为主，以个人发展为辅，从事行业主要是农业；人口流入的方式基本为非法入境、非法居留、非法务工；政府为了规范和更好地管理这些人，制定了一定的管理办法，如非法务工流入人口居住在雇主家，由雇主担保他们在我国居住的一切行为合法遵纪，非法居留、非法入境人口由政府统一划分相应的区域以供他们暂时居住。

跨国人口流入多依靠地缘关系，流入的缅甸务工人口主要来自缅甸掸邦北部果敢自治区和西北部的木姐一带。跨国流入人口的特点是：首先以地缘关系建立起婚姻关系，其次由缅甸媳妇的亲戚或邻居相互介绍流入中国境内，最后逐步演变为以血缘关系为主、地缘关系为辅的形式。

1. 跨国婚姻流入人口

花椒村是木城乡的四个少数民族主要聚居地之一。截至2017年，实际跨国婚姻流入人口共35人，全村总人口1253人，缅甸媳妇人口占总人口的2.79%。缅甸媳妇占总人口的比例较大。在这一部分流入人口中，有2人未办理结婚登记手续，因为这二人没有缅甸身份证。只有拥有缅甸身份证的缅甸未婚女性，才可以在中国与中国男性居民办理结婚登记手续，缴纳并享受医保的权利。未办理结婚登记手续的缅甸媳妇长期留住需要向村级及以上的相关管理部门提供证明以得到身份的合法认同，才可长期留住在中国境内。

2. 其他流入人口

木城乡的其他流入人口可以分为务工流入人口、跨国求学流入人口、国内婚姻流入人口。笔者调研后得到结论：木城乡的外来人口基本上是缅甸媳妇或缅甸务工人口，个别缅甸人有条件来求学。因为木城乡经济落后，所以国内很少有外地人愿意嫁过来。

务工流入人口可分为跨国务工流入人口和国内务工流入人口，其中跨国务工流入人口占主要部分。跨国务工流入人口基于物质需求和精神需求，进行季节性的短期流动。跨国务工流入人口数量根据边境人民用工需要而变动，故每年流动的数量不定，2016年有84人，2017年有40人。通过抽样调查发现，跨国务工流入人口中，每40人中就有9人年近花甲，占22.5%。最主要的是20—40岁的青壮年，每40人中有24人，占60%。男性青壮年主要从事较重的体力劳动，如修砌水渠；女性青壮年主要从事相对较轻的体力劳动，如摘鲜果、砍甘蔗等。国内务工流入人口主要由于工作的需要调到此地，如大学生村官和其他工作人员，但此类人员所占比例很小。

概括来说，除跨国婚姻流入人口外的其他流入人口主要是跨国务工人口，由于此类人口多为季节性流动，在给当地带来较大的经济效益的同时，也给当地带来了一定的管理困难。

（二）流出情况

边境地区的人口流出主要以务工流出为主，也有流出求学和创业的人口。流出人口情况主要包括以下几个方面。

1. 流出人口结构

经过调研得到数据：2017年花椒村共1253人，其中务工流出人口154人，流出求学和创业的人口约有80人。在所占比例较大的务工流出人口中，116人为男性，且未婚男性所占比例较已婚男性大，38人为女性，且多为20—50岁青年和中年，并有3家为夫妻带着小孩外出打工。

（1）边境地区的人口流出形式主要是务工流出。人口流出目的均为个人的发展和家庭的发展，一方面是为了增加经济收入，提高家庭整体的生活水平，另一方面是为了满足家庭成员的物质和精神发展的需求。

（2）边境彝族地区的流出人口多为青壮年。在对外输出劳动力的年龄结构方面，主要是青年劳动力和中年劳动力，其中，青年劳动力男女比例与中年相比较为协调，而中年劳动力的输出主要为男性，未婚男性务工流出数量较已婚男性多。

（3）边境彝族地区的流出人口可分为省内流动和省外流动。省内流动主要流向县城、省会城市和就近的中小城市地区，即德宏、龙陵、腾冲、瑞丽、临沧、昆明一带。省外流动主要是流向深圳、广东、浙江、福建、陕西、山西，以及北部地区的发达大中型城市。

2. 流出人口从业特点

边境彝族地区的流出人口到流出地从事的行业主要分为两部分：省内流动的主要分为经营私营企业、从事建筑和服务业。其中，自主创业的大多流动人口都以家庭为单位，是家庭的全部或大部分劳动力的流动；而从事建筑或服务业的是以个人为单位的流动。省外流动的主要从事第三产业，只有较少部分会选择到省外创业，且这一部分到省外创业的人主要表现为先务工几年，在了解市场和掌握技术的前提下，才会选择创业。

流出人口的从业时间特点可分为省内流动和省外流动，具体表现：省内流动多为短期的以一定的工程（或任务）为期限流动。2017年统计数据显示：花椒村省外流动人口共有36人，按照流出时间长短分为三种：流出0—3年人口为16人，约占总流出人口的44.44%，流出4—10年人口为13人，约占总流出人口的36.12%，流出10年以上人口为7人，约占总流出人口的19.44%。

3. 流出人口形式

边境彝族地区的人口流动形式主要分为三种：个人自发、政府组织、熟人介绍。个人自发的人口流动形式主要表现为为满足个人物质和心理的需求自发外出务工，这种形式中受别人外出务工启发而自发外出务工的占比较大，而通过网络获得消息自发外出的所占比例较小。政府组织的人口流动形式主要表现为政府组织到重庆钢筋厂从事工业劳动等，但政府组织的流动务工人口较少。而熟人介绍的外出务工人口所占比例仅次于个人自发。

4. 流动的动力和目的

从流动的动力和目的来看，边境彝族地区的人口流出从过去的单纯追求经济利益转变到现在向经济利益和个人发展并行。流动的主要动力受人民生活水平的改变和人口素质的提升影响，人口流动的目的不局限于追求经济利益，人们开始注重精神生活，在这个过程中逐渐体会到个人价值和社会价值的重要性，这是素质教育的影响和人口素质提升的一大体现。

二、木城乡人口流动规律

木城乡人口流动的规律可分为人口流入规律和人口流出规律，本文中人口流入规律是指对木城乡流入人口的来源、户口与性别、流动目的、年龄结构等方面现象的总结；流出人口规律是指对木城乡人口流动方向、户口与性别、年龄结构、外出流动时间等方面现象的总结。

（一）人口流入规律

1. 流入人口来源

处于与缅甸隔江相望的地理位置和属于少数民族聚居地区，木城乡的人口流入来源主要为缅甸人口。由于处于边境贫困地区，国内外地人口较少流入木城乡，其中大多为与丈夫在外地务工的外地媳妇，还有少部分是到木城乡来做生意的无固定住所的流动人口。缅甸流入人口主要分为流入的缅甸媳妇和季节性流动的缅甸务工人口。

2. 流入人口户口与性别

流入人口中，季节性流动的缅甸务工人员和到木城乡做生意的无固定住所的人口都没有户口的变动，而涉及跨国婚姻的主要为缅甸媳妇，这部分人的户口问题未能解决，较为乐观的情况为持有缅甸身份证的人能够在中国办理结婚登记。流入人口多为女性，因为流入人口多为缅甸媳妇和缅甸务工人口，务工人口主要为女性务工人口，男性务工人口相对较少。

3. 流入人口流动目的

流入人口的流动目的主要为谋求物质上和精神上生活的充裕，物质生活主要为满足流入人口的个人生活需要和家庭生活需要。由于缅甸家庭普遍人口较多，作为发展中国家的缅甸人均消费水平与我国相比仍有一定的差距，同时为躲避战乱，很多缅甸人到我国务工，流入我国的缅甸人无论是生活条件还是意识形态都有一定的提升，一定程度上来说，来到我国发展的缅甸人在满足物质生活的同时也满足了精神生活。

4. 流入人口年龄结构

由于流入人口主要为缅甸媳妇和务工人口，根据务工流入人口的数据资料分析和缅甸媳妇这一特殊身份，流入人口主要为14—30岁的青壮年。当然，务工人口中除青壮年外，有少部分随父母流动的9—14岁的儿童，还有30—60岁多为从事体力劳动的男性人口。

（二）人口流出规律

1. 流动方向多为向省内城市等较发达地区流动

与流入人口不同，流出人口均为向较发达的城市流动。具体表现为向周边的小城镇流动和向县城流动，部分向市区和省会城市流动，其中以向龙陵县城及附近芒市、瑞丽方向流动为主。

2. 人口流出务工比例省内男性较女性高，省外流出差距小

边境彝族地区人口流动的主要特点为短期流动，大多为男性外出务工，其中省内流出务工比例男性比女性高，省外流出虽然男性比例略高，但总的来说男女比例差距较小。这部分流出务工人员，除少数在省内自主创业涉及户口的变动外，其余基本没有涉及户口的变动。总体上看，在流动人口的性别比例方面，以男性比例较高、女性比例较低为特点。

3. 青壮年人口流出为常见现象

流出人口的年龄结构为青壮年、在校青少年和老年人，其中以20—40岁的男女性青壮年为主要组成部分。受地理因素影响，木城乡虽然有能够发展的甘蔗、咖啡等农作物产业，但是交通的闭塞阻碍了产业的发展，所以20—40岁的男女性青壮年多选择外出务工，只有在农忙时期才会回家几天。同时，青少年人口的流出主要为随迁家属和外出上学人口，一部分老年人口的流出是暂时的短期性流动，多为外出帮助成年子女照顾家庭，基本为随迁家属。

4. 长期跨省流动和短期省内流动

从外出流动的时间来看，边境彝族地区的流动人口外出流动的时间基本可以分为以年为单位和以季节为单位。其中，大部分跨省流动的人口外出流动的

时间主要以年为单位，这部分人口的流动主要是以一定的工程（或任务）为期限，主要为水泥工人、工厂工人或其他工作性质相似的以出卖劳动力获得报酬的形式。而以季节为单位的人口流动主要为帮助周边地区做农活、建筑活等形式，用来贴补家用、解决收支不平衡。

三、木城乡人口流动的影响因素

木城乡的人口流动主要受人们的主观因素和客观条件的影响。主观因素包括语言能力和思想素质，客观因素包括政治、经济、文化和其他社会因素。通过调查和走访木城乡的彝族地区的流动人口家庭，笔者认识到，人口的流动受到人们意识形态推力影响的同时，还受到木城乡附近城镇（如芒市、瑞丽、盈江、龙陵、腾冲、勐兴乡等），以及东部、北部等经济发展较好地区（如深圳、广州、浙江、山西等）拉力的影响。

（一）主观因素

1. 语言能力是影响人口流动的主要主观因素

（1）流入务工或通过跨国婚姻流入的缅甸人口大多能使用汉语与当地人民顺畅地交流，只有少部分距离边境较远的缅甸人口或年龄较大的流入打工的缅甸人口不能或不能很好地使用汉语交流。

（2）笔者在调研走访中发现，80岁以上的彝族人口的汉语能力普遍较差，甚至有部分老人不能使用汉语进行简单的交流，因为当地人主要使用彝族语言进行交流。随着人们文化水平的提高和国家大力推广普通话，彝族人口汉语能力逐渐提高，为人口流动奠定了基础。

2. 意识形态的发展、思想观念的变化导致人口流动现象的发生

（1）对于流入人口而言，边境彝族地区的人口流入主要为缅甸人口躲避战乱或因婚姻关系、家庭发展而发生。流入的缅甸媳妇，主要为提高生活水平和确保个人安全。一部分缅甸人口到中国务工，还有一部分缅甸人口因为家中有亲属流入中国，发现在中国的发展较在缅甸的发展更好，因而随亲属流入中国。

（2）对于流出人口而言，流出到经济发展更好的地区，一方面，受到自身

意识形态发展的影响；另一方面，科技的发展和信息的快速传播使人民思想意识形态发生潜移默化而深远持久的变化，传播的信息主要是经济、科技、教育、文化、医疗等方面的内容。人口流出的目的可分为经济发展、高等教育发展、随家属家庭外迁三大类。唯物主义认为，认识反作用于实践。在认识发展的基础上，才会有外出的实践行动，故而导致人口流出。

（二）客观因素

人口流出不仅受到人主观意识形态变化的推力，还受到外界拉力的作用。由于木城乡彝族地区的经济发展较为落后，与周边城镇或者沿海大城市的经济发展水平差距较大。随着信息时代科技的发展，人们开始认识到一成不变和墨守成规是不能带来任何发展的，受到外界发展的吸引，故而受到外界拉力的作用。唯物主义认为，实践决定认识，认识对实践具有反作用。人的意识形态变化的拉力就是社会的客观因素，包括政治、经济、文化、科技、教育、医疗等。

1. 我国的政治环境较安全，使流入我国成为缅甸人口的最佳选择

我国是世界上经济发展速度较快的国家之一，人口流动的制度在不断地完善。一方面，政府通过政治制度引导人口流动，减少劳动力的外流，如边境地区的兵团建设，在保障边境地区安全的同时稳定边境的民心，从而减少边境地区人口的流出。另一方面，国内流动人口的管理主要包括：治安管理拓展型、专业机构协调型、大人口机构统筹型。对流动人口的保障制度不断完善，流动人口的权利和利益受法律保障，流动人口的犯罪率也大大降低，这为人口的流动提供了政治基础。

对于跨国流动人口而言，政治环境决定了人身安全，我国较缅甸更安全，所以缅甸人口流入我国边境彝族地区的现象较为普遍。

2. 经济较缅甸发达，较内陆地区落后

经济发展的不平衡、人民生活水平和就业机会的区域落差是导致人口流动现象的直接原因。

木城乡的经济较缅甸发达、较国内其他城市落后的特殊身份使木城乡成为跨国流入人口聚居地，也使本地人口大量流出务工。社会经济发展必然会出现城乡差距和贫富差距，这就意味着城市经济迅速发展的同时，农村的经济发展

必然会落后于城市，城乡的交通、科技、医疗、大众传媒等发展也会出现差距。农村经济发展的落后会给人民的心理带来落差，故而大多数人在可选择的情况下会选择外出务工、创业及结婚等一系列"人往高处走"的生活方式。经济发展的差距给人口的流动带来了巨大的拉力。木城乡在交通不便，科技、经济、医疗等水平较低的情况下，人民特别是未婚的青年人、中年人会受到影响，出现人口流动的现象。

相比较缅甸边境的人口而言，经济发展差距这一原因同样适用。缅甸边境与木城乡相比较存在明显的差距，如缅甸部分地区还没有通电、人均GDP较国内也有较大的差距，所以出现大量跨国婚姻流动人口。随着边境彝族地区劳动力人口的流出，出现了有大量用工需求不能满足的现象，这一需求可以通过缅甸跨国务工人口的流入来填补，从而实现经济的平稳发展，所以在双方需求均能得到满足的情况下，边境彝族地区出现长期间断聘用缅甸务工人口的现象。

四、木城乡人口流动管理存在的问题

国家卫计委将2017年世界人口日宣传主题确定为："人口流动健康同行，计划生育倡导文明"，并对流动人口健康教育核心信息做了规定，如"参加城乡居民或职工基本医疗保险，可向现居住地社保部门申请转移接续基本医疗保险关系"，这些规定使流动人口的就医与健康得到更好的保障。2017年2月，《云南省流动人口服务管理条例》修正实施，并对流动人口的居住问题和公共服务及权益保障进行了详细的规定，使流动人口的相关权益得到保障。同时，对流入人口的安全给予保障和规范化管理，对涉及跨国婚姻的家庭一视同仁。例如，针对边境地区人民的帮助和扶持具体落实到地方具有代表性的政策：对建档立卡户给予价值4000元的能繁母牛和2000元的能繁母猪的帮助，以及所有边民享有每户1000元的边民补贴、退耕还林补贴（按亩分）、森林生态补贴、粮种补贴、农资综合补贴、挂钩帮扶等，这些补贴的额度在逐年提高。已有政策仍不够完善，存在以下几个方面问题。

（一）流动人口的户籍制度和教育制度不完善

传统宽泛的管理规章制度无法适应快速发展的社会，城乡差距不断扩大，也不利于政府职能的有效发挥。国家针对边境民族地区人口流动的相关法律法规不够健全，教育制度、户籍制度等方面政策不完善是现存的比较明显的问题，所以笔者认为首先应当制定具体的法律法规。

（二）缺乏有效解决问题根源的方案

流动人口的管理是一项复杂烦琐的问题。流动人口的基本情况会随着时间的推移、社会的发展、政策的制定落实、人口素质等一系列的原因而变化，面对不断变化的政治、经济环境更需要提出解决根源问题的方案。

（三）村民多为被动管理

木城乡的彝族地区村规民约不够完善，而且多被制度化，没有得到很好的落实，没有起到很好的规范作用，导致出现了很多问题：人口流出，出现用工缺口，属于亚热带地区的木城乡拥有许多热带农作物，但是劳动力的外流导致劳动力人口不足，需要雇用缅甸劳动力。经济发展不起来，村民生活水平不能得到提高、人口素质得不到改善的问题就会相继出现，直接导致适龄村民的婚姻问题难以解决，从而使单身汉和跨国婚姻越来越多。

（四）村规民约的作用得不到充分发挥

1. 村民受教育程度不高，不能很好地配合政策的实施

木城乡处于边境地区，村民对教育不够重视，认为只要能使用文字进行交流就足够了，多数村民文化程度较低。在国家制定政策并实施后，村民对国家政策不理解，对政策的落实认识不够，不能积极配合政策的实施。

2. 缅甸流入人口受教育程度低，协助管理困难

跨境流入人口的语言能力、文化程度、法律法规认同程度因受教育程度和个人自身素质而异，存在语言交流不通、不遵守法律法规的问题。对于跨国人口的管理多为我国政府管理，而缅甸较少甚至没有对他们进行管理，缅甸流入人口极易出现不服管教的情况，主动协助管理更为困难。

3. 村民不具备互相监督和自我监督的能力

木城乡的交通不便，信息的传播速度较慢，村民的主人翁意识较为薄弱，在管理方面，不能很好地发挥主动管理和监督的作用，多为被动管理，受社会

和个人的环境等方面影响不能进行很好的自我监督和人民的互相监督。在管理的时候，就算没有出现困难，村民的积极性也不够高，所以需要提高村民的主人翁意识。

五、建议

（一）完善户籍、教育制度，制定解决根源问题方案

随着流动人口的大量迁移，边境彝族地区的人口构成更加复杂化。流动人口的管理首先需要的就是政策的完善，针对户籍制度、教育制度，结合木城乡的实际情况制定具体的规章制度。现有的政策只能解决有马邦丁（缅甸国民身份证）人口的户籍问题，针对没有马邦丁的人只能以办理暂住证的形式居住在中国，对此应该制作特别用于此类群体的居住政策。针对缅籍人口的大量流入，应该在适当情况下进行适当的政策倾斜，以提高当地居民的民族自豪感。政府应加大经济投入扶持交通发展，使当地经济发展起来，在减少人口外流的同时促进教育的发展。提高缅甸流入人口遵纪守法意识，减少违纪违法事件的发生。因此，政府应重视流动人口的管理，不拘泥于现有规章模式，尽快制定符合实际需要的、能够解决根源问题的方案，增强治安管理。

（二）地方政府及工作人员加强重视流动人口管理并落实好政策

边境民族地区由于其特殊的地理位置以及人口构成情况，具有特殊性和复杂性，地方政府要提高实施程度，提高政策实施者的严谨意识，加强地方政府及工作人员对流动人口管理的重视程度。加强自身行政能力建设，以便应对复杂多变的边境环境，积极疏导流动人口及边境民族地区当地人口的有序流动，选择民族地区优秀的人才作为管理者参与当地工作的开展，地方管理人员如村级管理人员和小组长更应该主动落实政策，积极反思工作并改善，在基层工作人员中形成自发的良性循环，做好流动人口的管理工作，参与村民的日常生活或民族节日活动，在爱民亲民的基础上得到村民信任，发挥工作人员带头作用。

（三）充分发挥村规民约的作用

充分发挥村规民约的作用，增强流入人口的安全感，同时减少由流入人口

带来的治安问题，需要根据实际情况完善村规民约，并加大村规民约的宣传力度。可以通过做宣传板报、村落文化建设、选拔优秀村民标兵，让村民在知道村规民约内容的同时感受到村规民约给人民带来的福祉，这样才能让村民更好地遵守村规民约，让村民做到自我监督、互相监督。加强村民自治能力，让村民参与村规民约的制定、宣传，最大限度发挥村规民约的作用。

（四）提高流动人员思想意识和受教育水平，变被动管理为主动参与

地区的发展需要党、国家、政府和社会的协调，更需要个人的支持和配合。个人发展需要提高个人的思想意识和综合素质，增加对政策的认识和学习能力，才能很好地配合政府的工作，增加国家荣誉感、认同感，提高思想素质以减少对政策的反抗、抵制情况。对缅甸流入人员进行定期的教育，改善其人口素质；雇主应对流入的缅甸务工人口进行安全教育，特别要加强雇主对缅甸务工人口的管理意识。变流动人员的被动管理为主动参与，加强其监督与互相监督能力，以促进党、国家、政府和社会的协调，以及地区的发展。

参考文献

［1］ 李梅花.试析朝鲜族跨国人口流动的新变化：以延边朝鲜族聚居区为例［J］.八桂侨刊,2015,111(3):48-51.

［2］ 张瑞.中国流动人口管理与服务问题研究综述［J］.当代经济管理,2013,35(2):32-38.

［3］ 吕红平,李英.流动、融合与发展：少数民族地区人口流动研究［J］.河北大学学报(哲学社会科学版),2009,34(6):14-21.

［4］ 周福田.广州白云区城乡结合部流动人口管理研究［D］.广州：仲恺农业工程学院,2017.

［5］ 邱子格.边境民族地区流动人口管理问题及对策研究［D］.昆明：云南财经大学,2016.

［6］ 谭春霞.云南省D彝族乡政府公共政策执行研究［D］.上海：华东师范大学,2009.

［7］ 陈涛,陈池波.人口外流背景下县域城镇化与农村人口空心化耦合评价研究［J］.农业经济问题,2017(4):60-68.

［8］ 魏津生.中国流动人口研究［M］.北京：人民出版社,2002.

［9］　马戎.中国人口跨地域流动及其对族际交往的影响［J］.中国人口科学，2009（6）:4-15.

［10］　黄荣清,赵显人,等.20世纪90年代中国各民族人口的变动［M］.北京:民族出版社,2004.

［11］　姜善.论延边州朝鲜族农村妇女跨国流动问题［D］.延吉:延边大学，2012.

［12］　拉毛才让.试论少数民族流动人口的构成、分布特点及动因［J］.攀登，2005（2）:108-110.

［13］　沈林,张继焦,杜宇.中国城市民族工作的理论与实践［M］.北京:民族出版社,2001.

［14］　高洪.当代中国人口流动问题研究［M］.上海:上海人民出版社,2008.

南伞镇边民回流引发的社会治理风险研究

查富强

党的二十大报告完整地阐释了"中国式现代化"理论命题，同时把边疆治理的任务凝练为"加强边疆地区建设，推进兴边富民、稳边固边"。在中国式现代化的进程中，边疆治理的任务至少蕴含着边疆发展、边疆稳定、边疆安全三个维度的重要内容。作为国家治理的重要方面，边疆治理直接关系到边疆稳定发展和国家长治久安，我们要不断提升边疆治理水平，努力把制度优势转化为边疆治理效能。中国式现代化进程中，边疆稳定的整体推进是治边和治国的有机结合。国家治理是一个长期而复杂的过程，必须具备"全国一盘棋"的整体性思维。党中央高度重视每一个边疆省区在国家治理中的地位和作用，通过顶层设计和整体规划，让每一个边疆省区在强国建设、民族复兴中发挥相应作用，实现治边和治国的有机结合。此外，边疆社会稳定和国家长治久安要有机结合。新时代的边疆治理工作受到了党中央的高度重视，在推进中国式现代化过程中，边疆社会的稳定往往成为影响国家长治久安的重要因素。我国边疆区域居住着多民族群众，民族工作和边疆治理高度融合。中华民族共同体理论的提出，统合了边疆民族团结和国家整体利益，把边境治理和国家安全相结合，把边疆群众和全国人民共同聚合到中国式现代化的进程中，保护好边境社会的安全，将边境治理完整地纳入国家治理之中，提高国家治理现代化水平，提升国家安全性。

在国家高度重视边境治理的大环境下，回流边民这一特殊的人口群体产生的跨境流动现象以及由此带来的社会治理风险已经引起社会的广泛关注和重视。社会治理涉及范围较广，包括政府、社会组织和团体等对社会的秩序和发展等方面进行规划和管理。目前，学界在边民回流这一视角下对边境社会治理方面的研究较少，为更好地把握中缅边境边民回流带来的社会治理风险，加强对中缅边境边民回流治理问题的深入研究，本文主要对南伞镇边民回流中存在的社会治理风险进行研究，具有一定针对性。

一、概念界定

（一）边民回流

边民回流是我国边疆地区人口流动中的一个常见现象，指的是原国籍属于本国，但由于某些政治、经济、文化或生态因素的变化，居住在边界线附近的居民规模性地离散到邻国，而随着各种因素的再次变化，离散者返回母国的现象。回流边民是我国边民因历史上大规模的政治运动、自然灾害和疾病等外流至邻国，之后由于我国边疆经济快速发展，这些外流边民返回境内。回流边民可以分为三类：第一类是20世纪五六十年代外流边民，第二类是外流边民的后代，第三类是外流边民回流国内之后的后代。2017年5月11日，云南省人民政府印发了《云南省人民政府办公厅关于解决无户口人员登记户口问题的实施意见》，其中正式使用了"回流边民"这一称谓，即因长期外流越南、老挝、缅甸三国而被注销常住户口，现本人或其子女回流国内并有长期居住生活意愿的人员。

本文中的边民回流特指出于各种原因离开南伞镇前往缅甸的边民，之后返回南伞镇的现象。这些边民可能受工作、生活或家庭等因素的影响，自愿或被迫离开南伞镇，但经过一段时间之后，重新回到南伞镇。边民回流的原因很多，主要是安全和经济因素。新中国成立以来，境内长期保持和平稳定的局势，而缅甸时局动荡，战事频发，这就导致大量的边民逃离到中缅边境。通过合法通道进入中国境内的边民享有在中国的一切合法权益，对南伞镇造成的社会压力相对较小，这部分边民拥有相对广阔的就业空间，不至于对南伞镇社会造成混乱。而另一部分非法回流的边民情况则大不相同，他们缺少合法的身份，回流方法通常是偷渡，他们在回流之后迫于生计可能会从事一些非法的工作，影响南伞镇的社会稳定。本文中的回流边民主要指的是非法回流边民。

（二）边境社会治理

社会治理概念前身为治理，治理的提出可以回溯到1989年，世界银行在

《撒哈拉以南非洲：从危机到可持续增长》中指出，非洲发展问题的根源在于"治理危机"，随后治理才被广泛运用。治理理论在20世纪90年代被西方学者纳入研究范围，社会治理理论是西方治理理论的重要组成部分。社会治理是通过政策和制度来管理社会经济、政治和社会进程。社会治理和边境社会治理有着许多相似的地方，但又有所不同。边境社会治理是指在国家治理框架下，针对边疆地区特有的社会、经济、文化特点，通过一系列体制机制、组织安排和工作过程，以维护社会正常秩序、促进社会安定团结、激发社会活力、防范社会风险为目的的管理活动。这一治理过程强调基层治理的重要性，将社会治理与依法治理、综合治理、源头治理有机结合起来，体现了社会治理理念和方式的创新。边境社会治理的主体不仅是政府，还包括民众等多元主体，其目的是构建和谐社会，减少政府负担，同时维护社会的稳定。

本文中所指的边境社会治理是指在中缅边境的南伞镇针对回流边民，在国家关于边境治理的体系下，政府和社会等各方面的力量参与到南伞镇的治理当中，通过一系列的体制设置和组织规划，来共同维护南伞镇的社会稳定和平稳发展所采取的治理方法。南伞镇的情况相对复杂，治理起来难度较大，所以治理是从多方面入手，主体主要是当地政府。针对潜在的治理问题，从当地政府角度出发，提出许多预见性的解决办法，防患于未然，从过去和现在的治理经验中找到新的治理视角，提升南伞镇边境治理水平，促进南伞镇稳定发展，维护国家边境安全。

二、南伞镇边民回流治理现状

（一）南伞镇基本情况概述

南伞，傣语音译汉字地名，意为"送公主的地方"，早在明清时期就有边民互市活动，是中缅边民互市口岸。南伞镇为云南省临沧市镇康县辖镇，地处云南省西南边陲，临沧市西部，中缅边境中段。南伞镇地处横断山系南末端，属滇西南中低山谷地，地处西南边陲，属低纬度山区，临近北回归线，形成南亚热带气候类型和典型的立体气候特征。南伞镇东与木场乡相连，南与耿马县孟定镇接壤，西邻缅甸掸邦果敢县，北连凤尾镇、勐堆乡，是镇康县城驻地，县政治、经济、文化和商贸中心。南伞镇总面积544.1平方千米，辖2个社区，14个村，人口44224人，11118户，其中农业人口23986人（6682户），占总人口的54%，城镇人口20238人，占总人口的46%。少数民族人口16786人，占总人口的38%，德昂族人口2415人，占总人口的6%①。2013年年末，南伞镇主要居住着德昂族、傣族、苗族、彝族、佤族等少数民族，是全国第二大德昂族聚居地。1991年7月，南伞口岸被列为国家二类口岸，2013年年末，批准为国家级口岸。南伞口岸是中国连接印度洋陆上距离最近的前沿商埠，是中缅物资集散的主要口岸和边民交往的重要通道，也是中缅通道商贸互市的第一市场。对面就是缅甸掸邦，再往缅甸方向走十多千米就是"金三角"著名的老街。在果敢战争时期，云南地区回流的难民大约有37000人。2015年年初到同年3月，由于缅甸部分地区武装冲突持续，共有6万人次边民回流到中国境内。截至2024年5月，南伞镇的边境口岸还在承受着每日接收回流边民110余人次的压力②。南伞镇因地处边境又与缅甸接壤，边民回流现象屡禁不止。

（二）南伞镇边民回流的治理措施

1. 制定管理制度，明确治理内容和范围

南伞镇以有效打击组织和参与非法偷越国边境等违法行为、整治社会不良风气、群防群控疫情防控为目标，研究制定了《南伞镇进一步用好用活惠民政策工作方案》，以"户户联保＋村规民约＋惠民政策"为主要抓手，完善村规民约，将非法偷越国边境和大操大办婚丧喜宴、天价彩礼、人情攀比等不良风气及陈规陋习，在村规民约中具体细化，明确惩罚范围、方式。

2. 提高公众参与度，开创防控新形式

南伞镇形成一套操作性强、实用性高、效率好的边境自治管理体系，在边境一线树牢打偷渡、守边境、移风俗、倡新风、强防控理念，增强群众强边固防意识，充分调动群众主动参与守边护边，形成群防群控、统防统治新格局，开启乡村治理新模式。在发生公共卫生事件或其他突发事件期间，南伞镇不断筑牢防控的铜墙铁壁，积极联合各村委会在中缅边境人流量大的地方设置临时检疫点，共同打击未经检疫非法偷渡行为，坚决打赢疾病防控阻击战。

---

① 来源于镇康县人民政府网。
② 同①。

3. 对入境人员实施严查严防

南伞镇对外来入境人员的登记实行严格的管理制度，全面落实"外防输入，内防反弹"防控策略，杜绝回流边民采取非法通道，也防止境内边民非法出境。镇康县南伞口岸坚持"把人管住、保货畅通"和"人货分离、分段运输、封闭管理"的原则①，严格检查过往车辆，防止非法回流边民躲藏在运输车辆之中，确保南伞口岸安全有序。

（三）南伞镇边民回流治理成效

1. 建立边民信息库，充分掌握边民信息

南伞镇加强边境管理和边民出入境管理，并积极与当地村委会配合，沿村设立边境防控执勤点，建立边民信息库，对边民出入境进行实名登记，在一定程度上减少了"黑人黑户"，对边民的个人信息有了进一步的了解。同时，组建巡边护边队，实时掌握边民的动态，有效防止边民利用信息差和信息缺口非法出入境和走私、贩毒等违法犯罪活动的发生。

2. 边民法治意识显著提高，边境安全得到保障

南伞镇加强边民宣传教育，通过广播、电视、宣传栏等多种形式，向边民普及法律法规和边境安全知识，同时依托"微党课""农民夜校"等平台，进行普法宣传活动。南伞镇在法治宣传时采用方言讲理论、用乡音传声音，以双语宣传方式为少数民族讲理论、讲政策，提升民族团结进步意识。村委会组织牵头，积极鼓励多方力量参与法治宣传工作，大大提高了边民的法治意识和安全意识。

3. 跨国治理体系建成，实现双赢局面

南伞镇加强与缅甸相关部门的沟通协调，共同打击跨境违法犯罪活动，维护边境地区的安全稳定。经过一系列措施的实施，南伞镇边民回流治理取得了显著成效。边境地区的安全稳定得到了有效保障，非法出入境和走私、贩毒等违法犯罪活动得到了有效遏制，边民的法律意识和安全意识得到了明显提

---

① 来源于镇康县商务局。

高。同时，南伞镇积极推动边境贸易和旅游业的发展，为当地经济发展注入了新的活力，改变以往发展和治理难以同时进行的局面，很大程度上实现二者的双赢。

三、南伞镇边民回流潜在的治理风险

（一）产生管控盲点，引发矛盾纠纷

边民数量众多，流动性大，且部分边民可能故意隐瞒信息，导致政府部门难以全面掌握边民的实际出入境情况、动态和身份背景，从而产生了信息盲区。边境线漫长，而监管资源有限，可能导致在某些地段和时间段内监管不到位，传统的监管手段难以应对新形势下的边境安全挑战，如非法出入境、走私、贩毒等活动的隐蔽性和流动性。边境安全管控需要跨境合作，但由于南伞镇与缅甸等相关部门之间的合作机制和沟通渠道尚不完善，跨境犯罪活动难以得到有效打击，产生了合作盲点。边境安全管控不仅需要政府部门的努力，还需要当地社区和边民的积极参与。然而，由于部分边民对边境安全的重要性认识不足，参与边境安全管控的积极性不高，社会参与度低，产生了社会盲点。在信息化、智能化快速发展的今天，部分边境管控设备和技术相对落后，难以适应新形势下的边境安全管控需求。技术盲点的存在可能导致边境安全管控存在漏洞。

此外，人口增加可能会对当地的土地、水源和其他自然资源产生更大的需求。导致当地居民和回流边民之间的土地和资源争夺，甚至可能引发冲突。回流边民由于长时间在外生活，与本地社会脱节，面临融入问题（如语言不通），他们可能难以适应新的社会环境、生活方式和文化习俗，与当地居民之间产生隔阂和矛盾。而且南伞镇与缅甸接壤，边民之间可能存在文化差异和语言障碍，这种差异可能导致交流不畅和产生误解。部分边民利用回流之机从事非法出入境和走私活动，这不仅引发边境安全问题，还可能对当地经济和社会秩序造成负面影响，引发当地居民的不满和矛盾。回流边民希望获得更好的就业机会和经济发展机会，但当地经济可能无法满足他们的需求，这可能导致他们对当地政府和社会的不满，进而引发一系列问题。

（二）民族文化认同感淡化

因为南伞镇地处边境地带，与缅甸接壤，中国境内的边民长时间与缅甸边民接触，在缅甸文化耳濡目染下，在思想上和行为上可能受到影响，再加上如果回流边民在境外受到不良势力的影响或渗透，他们可能对南伞镇的本土文化产生不满和疑虑，从而削弱其民族文化认同感。此外，边民回流可能引发南伞镇当地小规模的文化混乱，由于南伞镇部分回流边民可能接受了缅甸的教育，思想上和认知上对已经学习的文化产生了一种认同，当他们回流到南伞镇时，接触的是另一种文化模式，这可能会使他们对自己的文化认知产生怀疑，在思想上产生混乱。如果回流边民不能顺利地接受本民族的文化，他们可能会对本民族文化感到失望，民族成员之间感情联系和共同价值观可能会受到破坏，导致民族凝聚力减弱。南伞镇与缅甸接壤，边民之间可能存在文化差异和语言障碍，他们在融入当地社会时可能遇到文化冲突和隔阂，导致他们对本民族的文化产生质疑。在现代社会，信息传播迅速，但也可能存在误导和负面舆论，如果回流边民受到不准确或负面的文化信息影响，他们可能对南伞镇本民族文化产生怀疑，南伞镇特有的民族文化可能会失去其影响力，进而导致民族文化断层，影响当地的社会发展。

四、南伞镇边民回流造成治理风险的原因

（一）部分边民非法回流

南伞镇边民非法回流涉及非法出入境行为，既违反了国家法律法规，还可能导致边境管理失控。部分边民非法出入境行为可能涉及走私、贩毒、恐怖主义等犯罪活动，增加了边境地区的社会治安压力，给边境管理带来极大挑战。云南边境线漫长且复杂，这使得非法边民有机会穿越边境，进入我国境内，增加了治理的难度。边民非法回流还可能导致边境地区的社会稳定受到威胁，非法回流边民可能产生社会不安定因素（如失业、贫困、犯罪等），这些因素可能引发社会矛盾和冲突，对南伞地区的社会稳定产生负面影响。边民非法回流往往还与社会经济因素有关。例如，一些边民可能因为贫困、就业困难等而选择非法回流，这个现象很难得到制止，这是因为南伞镇位于边境，经济较为落后，信息较为滞后，政府要想为这些非法回流边民提供有效帮助就显得困难重

重。此外，非法边民还有可能涉及多个国家的边境管理问题，需要各国加强执法合作，然而，由于政治利益、法律差异等因素，各国在执法合作上可能存在困难，导致治理效果不佳。文化差异和民族矛盾也是重要因素，边民非法回流可能涉及不同文化、不同民族之间的问题，容易引发文化差异和民族矛盾。这些问题可能导致治理过程中出现困难，增加治理难度。

边民非法回流可能涉及跨境犯罪活动，如走私、贩毒、恐怖主义等，这些犯罪活动对边境地区的公共安全构成严重威胁，非法回流人员可能携带违禁品或危险品，甚至携带各种病毒，尤其是艾滋病病毒，给边境地区的人民生命财产安全带来隐患。在特殊时期，如疫情期间，边民非法回流可能增加疫情防控的难度和风险，尤其是从缅甸进入南伞镇的非法回流边民可能未经有效检疫，携带病毒或病原体进入边境地区，给疫情防控工作带来极大挑战。

在经济欠发达的地区，资源本身就相对有限，无论是就业机会、教育资源还是基础设施等，都难以满足所有人的需求。南伞镇地处边境，这些问题更不可避免。当回流边民大量涌入这些地区时，他们与南伞镇本地居民之间的资源竞争不可避免。当回流边民和南伞镇本地居民争夺同一资源（如土地、水源、教育机会等）时，可能导致资源分配不均。南伞镇的回流边民往往由于各种因素离开家乡，而在新的地方面临就业、生活等方面的困难，当他们重新回到南伞镇时，为了生存和发展，他们可能与南伞镇本地居民争夺有限的资源，如果政府或相关机构不能有效地进行资源分配和调节，就可能导致社会冲突。回流边民还可能由于文化差异、语言障碍、生活习惯等，难以融入本地社会，导致社会隔离、歧视甚至回流边民与南伞镇本地居民发生冲突，回流边民与南伞镇本地居民之间可能存在较大的文化差异，导致他们在资源使用和管理上存在分歧，从而引发恶性竞争，影响南伞镇社会稳定。回流边民的大量涌入还有可能给南伞镇基础设施带来压力，如住房、交通、医疗等，导致基础设施短缺、服务质量下降。回流边民和南伞镇本地居民之间的竞争可能引发社会不稳定和公共安全挑战，出现非法占地、非法建筑、盗窃、抢劫等违法犯罪行为。

（二）境外文化对回流边民的影响

南伞镇回流边民在境外生活期间，可能会受到不同的价值观和文化观念的影响，这些观念可能与他们原有的价值观发生冲突，长期接触境外文化可能导致他们的价值观发生变化，影响他们对社会、家庭、职业等方面的看法和行为。回流边民在境外生活期间会接触不同的文化，如语言表达、行为举止和社交礼仪等在回流后可能会继续保留，与南伞镇本地居民的生活方式产生冲突，进而影响他们的社会融入和日常生活。回流边民在境外生活期间可能建立了自己的文化观念，这些观念在回流后可能继续产生影响，保持着他们原有的文化认知。长此以往，有可能在不知不觉中对本民族文化不自信，逐渐遗忘自己的民族文化，导致本民族优秀传统文化失传，这在一定程度上削弱了文化软实力和民族凝聚力。同时，他们也可能面临重新建立与本地文化联系的挑战，需要适应新的文化环境和规则，这会使得这些边民难以快速融入当地社会，没有文化归属感。此外，南伞镇位于中缅边境，是贸易口岸，有部分边民因为生意往来长期居住在缅甸，在缅甸养育儿女直至长大，这些孩子深受缅甸文化影响，在回流到南伞镇生活期间可能经历文化冲突、语言障碍、身份认同等心理适应问题，在心理上存在认同鸿沟，这些问题在回流后可能持续存在甚至加重，导致他们产生焦虑、抑郁等心理困扰。

五、降低南伞镇边民回流潜在治理风险的对策

（一）加快边民回流合法化通道建设

加快南伞镇边民回流合法化通道建设，降低治理风险需要政府、社会和个人共同努力，通过完善法律法规、加强边境管理、建立信息共享机制、加强宣传教育和提供就业支持等措施，实现边民回流的合法化、有序化和安全化。

制定和完善与边民回流相关的法律法规，明确边民回流的合法途径、条件和程序，为南伞镇边民回流提供明确的法律保障。还要加大对南伞镇边境地区的管控力度，加强对南伞边境口岸、边境通道的管理，防止非法入境和非法居留现象的发生。建立边民回流信息共享机制，实现政府部门之间的信息共享，及时发现和防范潜在的风险。加强对边民的法律宣传和教育，提高边民的法律意识和风险意识，引导边民通过合法途径回流。为回流边民提供就业支持，帮助他们融入当地社会，降低社会风险。

在政府层面，南伞镇政府应该制定全面、科学、合理的资源配置政策，确保资源的公平、有效和可持续配置。这些政策应该基于长期规划，考虑不同地区和不同群体的需求，以及资源的可持续利用，尤其在中缅边境地区要做到因地制宜，不能盲目搬用政策。南伞镇政府还应该加强对资源配置过程的监管和评估，确保资源按照政策规定进行配置。同时，政府应该建立有效的反馈机

制，及时调整和优化资源配置政策，以适应不断变化的社会经济环境和边境的复杂社会环境，尽可能减少因南伞镇边境情况复杂而产生的信息滞后等问题，提高反馈的准确性和时效性。此外，还应该推动资源利用效率的提高，通过技术创新、产业升级等方式，充分利用南伞口岸的便利性和中缅边境特色产业，提高资源的使用价值。这不仅可以减少资源的浪费，还可以促进经济的可持续发展。加强不同部门之间的协调也十分重要，南伞镇政府要确保资源在不同部门和地区之间的合理分配，多部门联合联动，不仅可以避免资源的过度集中和浪费，还可以提高资源的使用效率。政府应该加强公众参与和透明度，让南伞镇的公众尤其是回流边民了解资源配置的过程和结果，增强公众对政府的信任和支持，从而降低治理风险。

（二）制定文化政策，发扬本土优秀文化

南伞镇政府应制定文化政策，支持南伞镇本土文化的传承与发展，加大对本土文化的投入力度，加强文化基础设施建设。例如，可以在公共活动场所设置南伞镇优秀传统文化展览室，在传播本土优秀文化的同时提高本民族文化的竞争力。对外来文化进行监管，尤其是从缅甸输入到南伞镇境内的文化更要严格管理，防止不良文化入侵。此外，还要加强媒体宣传，媒体是文化传播的重要渠道，应加大对本土文化的宣传力度，通过电视、广播、网络等媒体平台，尤其应该充分利用临沧卫视传播南伞镇本土文化的优秀成果，提高公众对本土文化的关注度。加强文化人才的培养，提高文化工作者的专业素养和创新能力，鼓励和支持文化工作者进行创作和研究。例如，德昂族的民族服饰不仅具有悠久的历史，还具有浓郁的民族风格和地方特色，对其进行研究和传播，能够发扬南伞镇的本土民族文化，更好地推动本土文化的创新与发展。对南伞镇回流边民要加强教育，提高边民的素质和文化素养，通过教育引导边民正确看待外来文化，理性对待中缅文化差异，避免盲目崇拜和模仿外来文化。

（三）优化边境口岸防控，强化边境居民辨别意识

南伞镇社会环境复杂多变，加强优化南伞边境口岸防控显得更为重要，要优化边境口岸现有的防控就要做到，加强基础设施建设，提升边境口岸的硬件设施，在原有的南伞边境检查站加设监控设备、热成像检测设备等，防止非法回流人员混藏于货物之中，确保边境安全。完善边境检查制度，制定严格的边境检查流程，对出入境人员、货物、交通工具等进行全面检查，防止非法入境

和走私活动。还要强化情报收集和分析，加强与缅甸的情报交流，及时掌握中缅边境地区的动态，为防控工作提供有力的信息支持。在此基础上，还要提高应急处理能力，加强南伞边境口岸的应急处理能力，确保在突发情况下能够及时应对，快速反应，保障南伞镇边境安全。

此外，南伞镇边境地区受境外势力威胁和干扰，极易对本国境内人员的思想和行动产生影响，强化边境居民辨别意识显得尤为重要。因此，要对南伞镇边民进行宣传教育，定期在中缅边境开展国家安全、反走私、反偷渡等宣传教育，提高边境居民的辨别意识和防范能力。还应建立信息报告机制，鼓励南伞镇边境居民积极举报可疑行为，设置信息报告系统，对提供有价值信息的居民给予适当奖励。加强南伞镇边境居民的专业知识培训，针对边境居民开展识别走私、偷渡等行为的培训，提高他们的辨别能力和防范意识。最后，建立村委会联防联控机制，组织南伞镇边境地区居民成立联防联控小组，共同维护南伞镇边境安全，形成群防群治的良好氛围。

六、结语

本文对南伞镇边民回流所引发的社会治理风险进行了分析和探讨，我们清晰地认识到边民回流现象给南伞镇社会治理带来的挑战与风险。在当前全球化与区域一体化背景下，边民回流不仅是一个地区性问题，更是一个涉及国家安全和社会稳定的重大议题。南伞镇作为边境重镇，边民回流现象具有一定的代表性和普遍性。因此，本文不仅对于南伞镇，而且对于其他边境地区也具有一定的借鉴意义。

面对边民回流带来的社会治理风险，我们需要从多个层面进行应对。首先，政府应制定和完善相关政策，为回流边民提供必要的支持和帮助，确保他们能够快速融入社会。同时，加强边境管理，防止非法入境和走私活动。其次，社会组织和社区应发挥积极作用，为回流边民提供社会援助和心理支持，帮助他们更好地适应新的生活环境。最后，加强教育和培训，提高回流边民的就业能力和社会适应能力，也是降低社会治理风险的重要途径。

在政府、社会组织和社区的共同努力下，南伞镇一定能够有效应对边民回流带来的社会治理风险，实现边境地区的和谐稳定与繁荣发展。

参考文献

[1] 侯曙光. 祖坟离散与回归：国家与边民互动的实践：基于中越边境广西金龙镇下其逐屯的调查[D]. 南宁：广西民族大学，2021.

[2] 白晓明，刘文光. 中缅边境地区回流边民问题治理研究述评[J]. 黑龙江社会科学，2020(4)：48-55.

[3] 俞屹. 云南省沿边地区跨境流动人口问题协同治理研究：以瑞丽市为例[D]. 昆明：云南大学，2021.

[4] 原伟民. 新时代社会治理智能化的冲突与调适[J]. 山西警察学院学报，2023(2)：25-30.

[5] 镇康县人民政府. 镇康概况[EB/OL].(2024-12-31)[2025-01-10]. https://www.ynzk.gov.cn/bczk/zkgk.htm.

[6] 鲁刚. 中缅边境沿线地区的跨国人口流动[J]. 云南民族大学学报(哲学社会科学版)，2006(6)：5-10.

[7] 杨宝康. "一带一路"背景下中缅跨境民族人口流动的影响[J]. 云南开放大学学报，2018,20(4)52-56.

[8] 陆云. 当前中缅边境地区非传统安全突出问题与应对策略[J]. 学术探索，2012(12)：77-80.

[9] 黄彩文，和光翰. 中缅边境地区外籍劳务人员与边疆安全[J]. 学术探索，2016(8)：56-61.

[10] 周建新，罗家珩. "回归移民"研究的脉络与趋势[J]. 云南师范大学学报(哲学社会科学版)，2018,50(2)：1-9.

[11] 田一. 边民参与跨境非法流动人口问题治理研究[D]. 昆明：云南大学，2019.

[12] 美福特. 中缅之交[M]. 伍况甫，译. 北京：商务印书馆，1939.

[13] 奥斯特罗姆. 公共事务治理之道[M]. 余逊达，译. 上海：上海译文出版社，2012.

[14] 李庚伦. 把制度优势转化为边疆治理效能[N]. 云南日报，2023-08-19(5).

[15] 袁绍光. 习近平总书记强调的"一盘棋"[N]. 学习时报，2022-01-10(A2).

[16] 法治宣传进边寨：镇康用好"阿数瑟"法治文化阵地[N]. 云南法制报，2023-09-13(5).

边疆高校加强中华文化认同教育的路径研究

——以保山学院为例

李丽华

第四次中央民族工作会议指出：加强中华民族大团结，长远和根本的是增强文化认同。边疆地区存在着社会经济发展程度低、外来价值观念渗透、宗教信仰意识强烈、民族文化多元等问题。中华文化是建设和谐边疆之魂，是促进边疆发展、推进边疆善治的精神性原动力。加强中华文化认同教育，有助于多民族国家建构的巩固，有助于国家政权稳定和政治统一。大学生是中华优秀传统文化的传承者，是中国特色社会主义文化强国的建设者。因此，加强边疆高校大学生对中华文化的认同是高校面临的一项重要任务，对进一步坚定学生的文化自信，自觉维护国家文化安全具有一定的现实意义。保山学院位于边疆地区，是境外意识形态渗透的目标，所以加强中华文化认同教育非常有必要性。本文以保山学院为例，对保山学院学生中华文化认同的现状进行分析，找出当前学生在对中华文化认同中存在的问题，根据学校实际提供解决问题的方法与途径。

一、中华文化认同相关概述

（一）文化认同的内涵与功能

文化认同的内涵可以具体地概括如下：人们在共同体中通过长时间的交往、交流与生活合作，消除了生活中彼此之间的分歧和偏见，产生了在政治经济文化上的共鸣以及归属感；能够分享一同形成的相对稳定的共同文化模式带来的利益，并且认可这一文化模式表现的思想准则、价值取向和发展趋势；它是各个传统民族对社会和历史认知的一种进步和升华。文化认同不是各种文化被一种文化所取代，相反，在被认同的文化模式下包含的各种文化都和谐相处，彼此尊重和理解，相互吸收和融汇。因而，文化认同是民族认同、国家认同的重要基础，而且是最深层的基础。

文化认同对于人们坚定理想信念、树立正确的价值取向，增强各民族凝聚力、凝聚中国力量，维护国家稳定、提升文化软实力具有重要作用。

第一，文化认同有利于坚定理想信念、树立正确的价值取向。首先，使人们在多元文化的冲击下，依然能够在正确的文化引领下，凝聚来自各方的力量，坚定"四个自信"，朝着一致的目标前进，从而促进国家政治经济发展。其次，文化认同能够更加有效地引领社会思潮，凝聚思想共识，从而使全国各族人民在正确的价值引领下，能够以饱满的热情和极大的创新精神，积极投身社会主义现代化建设的事业，从而为实现中华民族伟大复兴的中国梦打下坚实的基础。

第二，文化认同有利于加强各民族凝聚力，凝聚中国力量。首先，我国是少数民族众多的国家，各民族的文化各具特色，在多文化不断发展的今天，文化认同能够使各民族的文化在精彩绽放的前提下，通过文化认同形成高度的思想共识，从而产生政治、经济、情感和心理上的归属感和同一性。其次，各民族对同一种文化给予认可与接受后，便能够将分散的力量集中起来，众人拾柴火焰高，才能集中力量助于国家发展。因此，文化认同是一个民族形成与发展的重要内聚力：以一种文化认同为核心，在长期的融合发展中外部的各种文化群体始终以此为向心力，融合进一个民族的主体，人们对一种文化的认同，对一个民族的归属意识，是一个民族存在与发展的先决条件。

第三，文化认同有利于维护国家稳定、提升文化软实力。加强广大公民的文化认同，有利于增强国家和民族的文化自觉和文化自信，从而提升这个国家的文化软实力，提升在国际上的地位。一个国家稳定发展的前提条件之一是广大国民对某种主流先进文化认同，民众的文化认同将有助于国家稳定、民族团结、经济文化稳定发展。同时，国家文化软实力的基本标志之一是文化认同，在国际综合竞争力的重要构成要素之中，也包括文化认同。强化国民的文化认同有利于增强民族自尊心和民族自信心、增强民族自豪感。当广大民众对国家的文化价值提倡产生了认同后，这种所提倡的文化价值将会可能成为一个国家的思想、制度，产生这样的文化认同，并且民众从思想及行为中真正认同，这样才能真正有助于国家的稳定发展。

（二）中华文化认同的内涵

中华文化具有源远流长、博大精深的特点，历史在不断发展变化中，中华文化也在历史的长河中不断发展变化。中华自古以来的文化丰富多彩，包括中华优秀传统文化、革命文化、社会主义先进文化等，从不同的角度对中华文化进行阐释，就会有不同的结论。

笔者根据现有的研究成果，认为中华文化认同的内涵就是人们在共同体中经过长期的交流、交往与合作，在生活生产中消除了偏见与分歧，对当前国家及社会所倡导及宣扬的文化，在心理及行为上产生认同的意识，并在中华文化的引导下不断发展进步。中华优秀传统文化、革命文化、社会主义先进文化等所体现出的积极向上的作用，值得我们学习及认同。各种优秀文化都能够和谐相处及互相尊重，所以大家就消除了各种分歧与偏见，从心理上认同各种优秀文化，并在行为中体现出来。在这些文化的价值引领下，国家、社会及个人会往更好的方向发展。

（三）边疆高校加强中华文化认同教育的必要性

一个国家为了自身的发展，为了能够在世界立足，必定会选择一种文化并且使民众认同。我国是一个少数民族众多的国家，由56个民族组成，每个民族有独具特色的文化，文化认同可以将众多的民族团结起来，将这些民族凝聚在一起，加强中华文化认同教育具有重大意义。

首先，加强中华文化认同教育有利于构建共同的精神家园。中华民族共有精神家园是中华民族认同和尊崇的安身立命和精神归根的家园，是民族不畏艰险、团结奋进、科学创新的精神动力，是民族凝聚力、创造力、生命力的源头。因此，只有建立共同的精神家园，才能使各民族团结起来，繁荣发展。在政治、经济、文化等各方面快速发展的今天，如果没有文化认同，我们共有的精神家园就失去了文化根基和文化底蕴，各种发展将会受到影响。我们的祖先在历史发展中创造了丰富多彩的文化，中华民族经久不衰，就是因为我们有着强烈的文化认同，拥有共同的精神家园。

其次，加强中华文化认同教育能够有效抵制分裂势力对学生的渗透。对学生进行中华文化认同教育，能够使学生更加关心了解我国国情、党情、发展趋势及面临的困难等，更好地激发出他们对国家、对社会主义的认同及热爱。从而能够更加清楚地知道当前所肩负的责任，以及要履行的任务。对于对中华文化认同不够的学生，需要向他们传输中华文化认同教育、爱国主义教育等，使他们从思想上发生转变，从小树立爱国主义意识。因此，加强中华文化认同教育是非常重要的，学校可从不同的角度出发，利用各种方法及从多种途径加强对学生的中华认同教育，使学生树立正确的价值观念，提高他们面对一些情况及问题时的分析判断能力。在面对西方敌对势力和境内外民族分裂势力、宗教极端分子的引诱拉拢时能够从容应对，并且能够始终坚持站在国家一方，不被这些不良势力所迷惑。

第三，加强中华文化认同教育有利于增进各族学生团结，增强凝聚力。我国是少数民族众多的国家，各族文化异彩纷呈。中华文化认同教育是通过多种多样的教育方式使学生了解并认可中华文化，通过学习及交往交流了解不同民族的优秀传统文化、风俗习惯及良好的品德。在认识加深后，各族人民能够团结成为一个整体。中华文化认同是一种对中华文化的认可与归属，具有同一性。中华文化历史悠久，具有深厚的文化历史渊源。各族人民能够达成文化认同是十分重要的，有利于减少文化上的分歧，产生归属感，增强民族凝聚力。大学生是文化建设的主力军，对其加强中华文化认同教育是重中之重，使广大学生达到意识及行为上对中华文化的认同，通过多种途径及方式促进各族学生沟通交流，从而增进团结，增强民族凝聚力。

二、保山学院学生中华文化认同现状

为了更加全面了解保山学院学生中华文化认同状况，笔者以问卷调查和访谈的方式，对保山学院的200名同学进行问卷调查，对保山学院学生对中华文化认同整体状况进行调查研究。共发放问卷200份，回收162份，有效问卷率81%。

本问卷的样本构成：性别构成中，男同学所占比例为17.5%，女同学所占比例为82.5%；民族构成中，少数民族占32%，汉族占68%；年级构成中，本科一年级占43.2%，本科二年级占26.2%，本科三年级占7.5%，本科四年级占23.1%；政治面貌构成中，共产党员占8.1%，共青团员占89.4%，普通学生占2.5%。如图1所示。

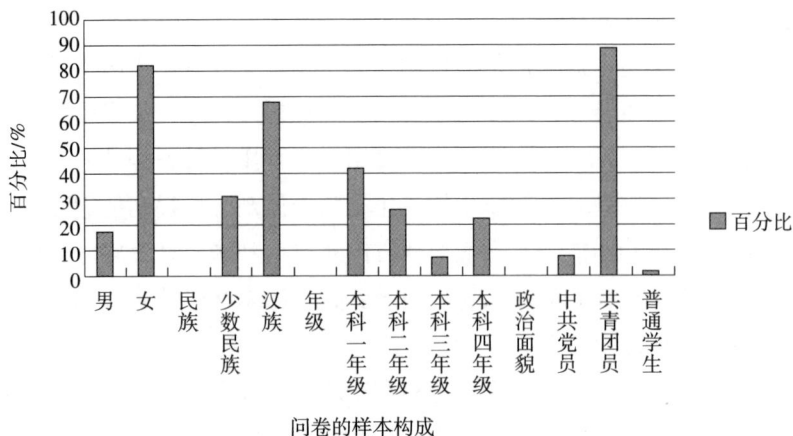

图1　调查对象基本情况

在问卷调查中，我们主要针对保山学院学生对中华优秀传统文化、革命文化、社会主义先进文化几个方面的认同状况进行调查和统计，具体情况如下。

（一）对中华优秀传统文化的认同

中华优秀传统文化是中华文化的重要组成部分，是我们的祖先在社会生产实践中创造出的对我们有深远影响意义的文化。中华优秀传统文化包括儒家思想、传统美德、传统节日、道家思想等。在历史的长河中，这些文化流传至今，有非常高的价值。大学生对中华优秀传统文化的认同也就是对中华文化的认同。本次问卷主要调查学生是否了解一些中华优秀传统文化、阅读经典读物的情况、如何保护传统文化以及对学校开设相关课程的态度等。

调查结果显示，在参与调查的这些学生的问卷中能够很清楚地知道，中华优秀传统文化包括哪些。本题是多选，选儒家思想的占99.39%、选传统美德的占98.16%、选传统节日的占95.09%、选道家思想的占94.48%、选历史古迹的占92.00%、选择其他的占51.50%。有些学生没有选择传统节日、传统美德与历史古迹等，说明有的同学对我国优秀传统文化认识不清，还需要进一步帮助学生加深理解。

在回答"如果学校开设关于中华优秀传统文化的选课，你的态度如何？"时，52%的人选"积极选择"，47%的人选"尝试学习"，1%的人选"没兴趣，坚决不选"，如图2所示。由此可以看出，虽然一多半学生会积极选择，但仍然有学生排斥学习相关知识。还是需要学生加强学习，能够喜欢中华优秀传统文化。学校需要加强学生对中华优秀传统文化的认同教育。

1%

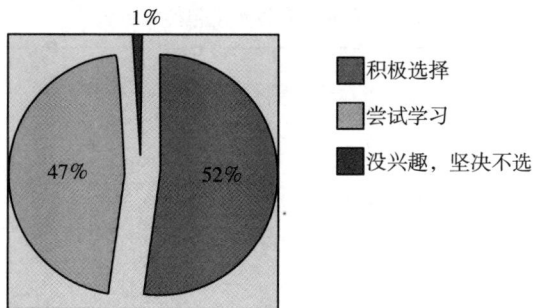

- 积极选择
- 尝试学习
- 没兴趣，坚决不选

47% 52%

图2 如果学校开设关于中华优秀传统文化的选修课，你的态度如何？

（二）对革命文化的认同

革命文化是中华文化的重要组成部分之一。人们对革命文化的认同就是对中华文化的认同。学生通过学习与理解知道，现在的生活是由多少人的努力换回来的。要对学生进行理想信念教育，使学生树立正确的世界观、人生观、价值观，树立责任意识，培养社会责任感。本次问卷主要从学生是否了解我国的革命文化、是否了解其中的长征精神、学校该如何宣传革命文化等方面来对学生进行调查。

调查结果显示，在回答"我国的革命文化包括什么？"时，选"井冈山精神"的占99.39%，选"延安精神"的占98.16%，选"长征精神"的占98.16%，选"西柏坡精神"的占87.12%，选"红船精神"的占50.45%，选"其他"的占50.92%，详见表1。可以看出，大家对我国的革命文化还存在认识与理解不够的情况，还有学生不知道延安精神、西柏坡精神属于革命文化，所以还是需要加强此方面的学习。在回答"你了解长征精神吗？"时，选"比较了解，并且能够完整阐述"的仅占17.18%，选"知道具体经过，但没有深入了解"的占74.23%，选"从其他地方知道，但不太了解"的占7.98%，选"完全不知道"的占0.61%，详见表2。从中可以看出，学生对长征精神的了解还停留在表面，只有少部分学生清楚全部过程，还存在有学生完全不清楚的情况，这是非常不乐观的，也是需要加强改进的地方。虽然没有要求全部学生能够完全清楚并且能够阐释，但还是需要清楚具体经过。

调查结果说明，学校需要加强革命文化知识教育，加强学生对中华文化的认同。革命文化是比较直观的文化，可以通过人物事迹、参观展览馆等方式直接学习与了解，比较容易理解与接近。通过学习，学生可以感同身受，明白其中的道理。

表1　我国的革命文化包括什么？

		人数/人	有效百分比
我国的革命文化包括什么？	井冈山精神	162	99.39%
	延安精神	160	98.16%
	长征精神	160	98.16%
	西柏坡精神	142	87.12%
	红船精神	81	50.45%
	其他	83	50.92%
合计		163	

表2　你了解长征精神吗？

		人数/人	有效百分比
你了解长征精神吗？	知道具体经过，但没有深入了解	121	74.23%
	比较了解，并且能够完整阐述	28	17.18%
	从其他地方知道，但不太了解	13	7.98%
	完全不知道	1	0.61%
合计		163	100%

（三）对社会主义先进文化的认同

社会主义先进文化具有丰富的内涵与外延，总体上主要是指在国家意识形态指导下，主要由政府来进行推动的多种文化形式，它深刻地表达国家的根本意愿与利益，传达出国家的意识形态和社会的基本道德观念，在国家中占支配地位的主流价值观。在这些先进文化的引导下，人们正确行使权利与履行义务，做一个有道德的社会人。本次问卷主要从学生是否了解社会主义先进文化主要包括哪些内容、中国特色社会主义核心价值观、了解疫情期间所体现的中华美德。

调查结果显示，大部分学生能够理解和认识社会主义先进文化。在回答"中国特色社会主义核心价值观包括什么？"时，选择"勤劳、向上、真诚、勇敢"错误答案的有4%（详见图3）。从中可以看出，虽然各地广泛宣传我国的社会主义核心价值观，但是还有大学生不清楚。学校要加强相关知识的宣传教育，让学生深入了解当代的主流文化。同时，在回答"在疫情期间，奋战在一线的医务警务工作人员无私奉献的精神是否为一种社会主义先进文化？"时，选"是，并值得我们学习"的占97%，选"不是，这是他们的义务"的占2%，选"不清楚，没有了解过"的占1%（详见图4）。从调查结果中可以看出，还是有同学对这种无私的精神存在质疑。无私奉献是一种值得大家学习的美德，学生只有现在努力学习，以后才能奉献社会。学校应多进行此方面的知识教育，在道德方面应多加强引导教育。

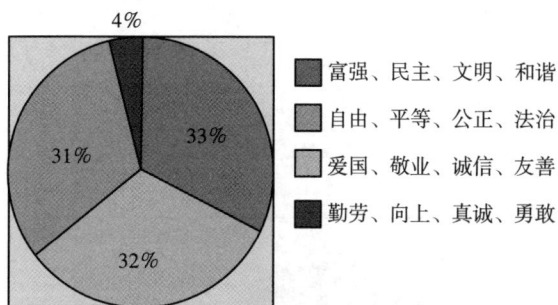

图3　中国特色社会主义核心价值观包括什么？

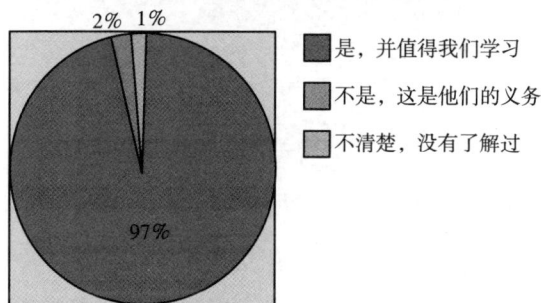

图4　在疫情期间，奋战在一线的医务警务工作人员无私奉献的精神
是否为一种社会主义先进文化？

　　问卷中提出了"你认为当前影响中华文化认同的主要因素是什么？"选"对中华文化认同重要性认识不足"的占87%，选"对中华文化的了解不够"的占81.3%，选"民族分裂主义的冲击"的占66.4%，选"对本民族以外的其他文化的排斥心理"的占65.2%，选"不清楚"的占5%（详见表3）。从中可以看出，大部分学生对中华文化认同了解不够或认识不到中华文化认同的重要性。学校可针对相关情况加强相关知识教育。在回答"你认为目前高校开设的课程对学习祖国历史文化、增强中华文化认同有帮助吗？"时，选"非常有帮助"的占42%，选"比较有帮助"的占49%，选"没有太大提高"的占8%，选"完全没有帮助"的占1%（详见图5）。从中可以看出，虽然目前学校开设

的课程在一定程度上对增强中华文化认同有帮助，但还是存在个别学生认为没有帮助的情况，学校需要通过开设课程或其他方式来加强学生对中华文化的认同。

表3 你认为当前影响中华文化认同的主要因素是什么？

		人数/人	百分比
你认为当前影响中华文化认同的主要因素是什么？	对中华文化认同重要性认识不足	142	87%
	对中华文化的了解不够	133	81.3%
	民族分裂主义的冲击	108	66.4%
	对本民族以外的其他文化的排斥心理	106	65.2%
	不清楚	8	5%
合计		163	

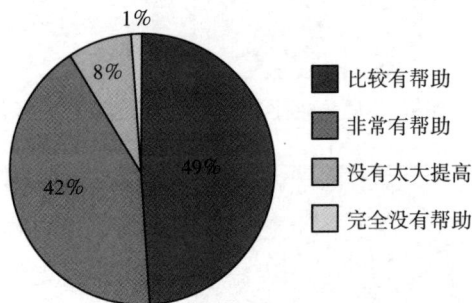

图5 你认为目前高校开设的课程对学习祖国历史文化、增强中华文化认同有帮助吗？

综上所述，保山学院大学生对中华文化认同总体上呈良好态势，但仍然存在一些值得关注的问题。保山学院应进一步巩固当前在中华文化认同教育中所取得的成果，利用更多的措施及多种途径来加强中华文化认同教育。

三、保山学院加强中华文化认同教育面临的挑战

（一）西方文化的渗透和冲击

在经济全球化的大背景下，影响边疆高校学生对中华文化认同的诸多因素中，经济全球化在其中占主要地位。全球化是一个比较复杂的过程，各国在此过程中相互交流、借鉴与学习，各国政治、经济和文化在此过程中相互碰撞。我国的文化会让其他人看见，同时，其他国家的文化也会在我们的视野中出现。大学生是一个善于学习的群体，大学阶段是世界观、人生观、价值观形成

的重要阶段。学校的文化氛围、社会的文化氛围都能对大学生的三观塑造起到作用。

在互联网快速发展的今天，文化传播的途径多样，我们可以从多种渠道了解到其他国家的文化。大学生熟练使用互联网，他们可以从互联网上了解世界，了解其他国家的政治、经济、文化，了解他们的生活状态，这也是一种文化输入。面对西方国家的文化输入，一部分学生会羡慕西方生活并在言语行为上模仿，这就无形影响着其三观的塑造。西方文化的渗透和冲击，还表现在节日方面。大学校园内存在庆祝西方节日的情况，虽然学校一再制止此类活动，但是仍有学生在庆祝西方节日。保山学院为防止学生大肆举办相关活动，出台了规定，在圣诞节、平安夜，学校内不得以班级或宿舍为单位，举办相关的庆祝活动。同时，在校园内也不得摆摊贩卖相关产品。西方文化的渗透，将会给我国文化价值体系带来非常大的挑战，国家原有的价值体系受到挑战和威胁。有些大学生对中华文化认知不足，分辨力不强，但可塑性强。西方带有政治色彩的文化扩张有很大的隐蔽性，会从无形中进行渗透，对大学生造成的影响不言而喻，从而导致他们处于对中华文化认同的迷茫状态。

（二）非主流思潮对学生的影响

我们生活在一个主流思潮占主导地位的社会中，如当前所倡导的社会主义核心价值观、中华优秀传统文化等都属于主流思潮。主流思潮对人们的生活具有积极向上的意义，对人们起到一种引导的作用。人们在主流思潮的引导下能够建立和谐的社会氛围，在和谐社会中共享发展成果。人们在接触主流思潮的同时，能够受到非主流思潮的影响。非主流思潮广义上指与主流思潮相对立的一种文化，如对中华文化认同模糊、割裂中华民族与各民族的联系、利己主义、拜金主义、享乐主义、个人主义等。

首先，非主流思潮使部分学生产生信仰危机。马克思主义理论在建设中国特色社会主义中具有非常重要的作用。中国特色社会主义道路是中国发展的必由之路。同时，大学生是社会主义建设的主力军。各种非主流思潮的涌动导致学生的信仰发生偏离。部分学生在接触西方文化后，受其他社会思潮影响，加上对中华文化没有具体的认识，对中华文化认同模糊，不认同现在的发展方式，从而动摇了理想和信念，所以产生了信仰危机，导致民族文化和政治认同危机。在对保山学院学生的问卷调查中，在回答关于社会主义核心价值观是什么的问题时，仍然有部分同学选择了错误答案。我国大力宣传社会主义核心价值观，大学生是重要人群，但还会存在此种现象，说明有人对中华文化没有具体了解及认识，认同状况也存在问题。

其次，非主流思潮导致部分学生人生观和价值观扭曲。很多学生思考问题简单化与理想化。在作出价值判断与人生选择时会被美好事物所迷惑，从而导致人生观和价值观扭曲。很多学生在作出选择时总是很功利。在保山学院存在着这样的情况，当学校举办宣传革命文化的演讲比赛时，很多人报名参赛并不是为了更多地了解我国的革命文化或更好地宣传它，而是为了获奖后的利益与荣誉，如有的学生是为了获奖后在一年一次的综合评分中得到加分。有些学生入党动机也不那么单纯。所以学校在学生入党的所有程序中都会提醒"明确入党动机"。只有为人民服务才是最好最单纯的入党动机。以上都代表了现在部分学生的功利主义，以自我利益为中心。

最后，在众多文化异彩纷呈的现在，我们作为文化传承者，需要对本国文化具有较好的理解与认同，知道我们国家过去及现在的文化及所倡导的精神风向，扶正我们的世界观、人生观、价值观，不被非主流思潮所影响与诱导，向主流文化靠近，主动学习，成为一个合格的文化传承者。

（三）大学生自身价值观念的缺失

当前，我国高校大学生群体大多是以积极向上、健康进取的价值观为主流，符合中国特色社会主义发展建设的需要。但是，改革开放以来，中国打开通往世界的大门，中西方文化相互碰撞，多元的文化便在此条件下应运而生。人们的思维方式、生活行为方式、价值观念便因此发生相应的变化。在多元文化背景下，当代大学生价值观念缺失主要表现在以下两个方面。

核心价值与多元价值相互对立。社会主义核心价值观是大家的愿望及目标，是大家都要达到的理想境界，同时它可以作为一个判断是非善恶的标准。大学生是一群善于接受新思想、新文化的群体，从当前的思想政治教育结果来看，在认识社会主义核心价值观时，仍有部分学生不能完全理解，并且做出的举动与此相违背，把社会主义核心价值观看作落后的、传统的价值观。这部分学生在生活中盲目地追求金钱、利益，喜欢安逸、享乐，逐渐淡化理想与信念，核心价值与个人价值存在矛盾且无法相互融合发展，他们自然而然地对中华文化认同存在困难。

道德需求与利益需求的矛盾。中国自古以来就一直崇尚道德发展，道德是中华优秀传统文化的重要组成部分，最高的需要与最大的价值就是道德需要与道德价值。改革开放以来，市场经济快速发展，功利、实用、利益成为主流。大学生生活在这样的社会环境中，尽管教育使他们对道德规范有一定的认知能力，但是道德相较于法律法规的约束力是有限的。一些大学生在利益的驱使下，对文化的学习与传承多为被动，加之是非观念与公德意识比较淡薄，所以在道德与利益需求之间容易产生选择错误。中华文化认同需要人们在道德与利益发生冲突时，能够毅然尊崇道德。对道德的认同也是对中华文化的认同。

四、保山学院加强中华文化认同教育的方法与途径

（一）发挥思想政治理论课作用，促进中华文化认同

大学生是一群拥有丰富知识的群体，是我国宝贵的人才资源，是中国特色社会主义事业发展的主力军。高校思想政治理论课，是大学生接受思想政治教育的主要途径。当前，大学里还没有设置关于中华文化的相关课程，但与中华文化内容相关的知识在高校思想政治理论课中有所体现，思想政治理论课是进行中华文化认同教育的重要载体。

第一，在思想政治理论课中应该加入理想信念相关的知识。"理想"是指人们在社会生活实践中对那些具有实现可能性目标的追求，然后将世界观、人生观、价值观体现在这些目标中。"信念"是指人们对某种事物认识熟悉之后，坚定不移地付诸行动的态度。理想和信念联合在一起，是紧密相连的。理想是信念的目标，为信念指明方向，同时理想的实现需要信念支撑，有了信念才能更好及坚定地为实现理想去行动。二者是缺一不可的。我国能够取得革命的胜利，有了今天的政治、经济、文化快速发展，与马克思主义和共产主义理想信念是分不开的。在这种理想信念和中国共产党的带领下一步步走来，才有了今天的繁荣景象。

高校思想政治理论课中的理想信念教育中要让学生理解我国发展的具体方略，引导学生知道国家的发展与我们是息息相关的，我们的命运与国家的命运是紧密相连的。使学生意识到不仅要对自己负责还要对国家、对社会负责。在中国共产党的领导下，坚定不移地走中国特色社会主义道路，为实现中华民族伟大复兴中国梦的共同理想信念而努力奋斗。

第二，思想政治理论课要对学生进行中华文化知识教育。中华文化源远流长、博大精深。随着时代发展，大学生面对日新月异的事物，对过去的历史文

化既可能缺乏理解，也可能存在片面理解的情况，所以在思想政治理论课中要加入历史文化的知识，使学生知道中华优秀传统文化、革命文化，为了新时代的我们，过去的人作出了怎样的努力。同时要让大家知道，在制定新时代国家的方针政策及为了国家更好发展的过程中，国家及个人所作出的努力都是必要的。在课堂的授课中应该加入这样的内容，有利于提高学生对中华文化的认同意识，增强凝聚力及文化归属感，促进国家统一、民族团结。

（二）依托红色资源，加强革命理想信念教育

红色资源是指能够顺应历史潮流、弘扬爱国主义精神的一切革命活动中凝结的人文景观和精神。红色资源是我国珍贵的历史文化遗产，是中华文化的重要组成部分，是一种优质的教育资源。我们可以从红色资源中学到很多关于世界观、人生观、价值观的道理，同时能在正确的理想信念的引导下加强对中华文化的认同。当代大学生处于新时代，在学校的教育下虽然对过去的革命文化有一定的理解，但还是有少部分学生存在对革命文化理解不清、不知道具体的革命文化等，认识较为片面。红色资源是比较直观且具有深远意义的文化资源，是加强学生对中华文化认同的重要途径。

理想信念被称为人们奋斗的航帆、事业发展的基础、社会进步的源泉，对党的事业、组织的发展和个人的目标取向起着决定性的作用。红色文化资源具有内容丰富、深刻的特点，能够有效地提高大学生理想信念教育的深刻性。例如，革命根据地、活动遗址、纪念馆等体现了井冈山精神、延安精神、西柏坡精神，能够帮助大学生树立正确的信仰，增强爱国意识，提高自身的思想道德修养，增强社会责任感。红色文化资源具有广泛性，可以充分利用离我们最近的红色资源，组织学生重走革命基地，身临其境感受当时的红色精神，这是比较直观的一种方式。同时可以开展一些革命文化演讲宣传比赛，使学生在准备和参与过程中体会到革命文化所传递的精神，丰富自身。在清明节时可以组织学生到烈士陵园进行扫墓活动，从活动中感悟为了革命的胜利，革命战士所付出的努力和牺牲。

在新时代的要求下，随着马克思主义中国化的不断发展与深化，红色文化延伸出新的内容，这些内容正是红色文化适应社会发展，具有时代意义的科学理论与指导思想。学生是社会主义建设的主力军，增强学生对红色文化的认识与了解，从而加强学生对中华文化的认同，使学生从红色文化中体会精神，不断激励自身，不断向前发展，为实现中华民族伟大复兴的中国梦而奋斗。

（三）促进民族认同与文化认同相融合

我国地域广阔，少数民族众多，各民族文化多种多样。中华文化是多元一体的：多元是指我国是由56个民族组成的多民族国家，各民族文化各具特色，多种多样；一体是指我国的各民族凝聚成一个整体，各民族的文化共同构成中华文化。中华文化是一个整体，各民族文化是个体，个体寓于整体中。保山学院地处滇西边陲，外与缅甸相连，内与大理白族自治州、怒江傈僳族自治州、德宏傣族景颇族自治州毗邻，特殊的地理位置有助于文化对外交流，再加上学生大多来自云南省各州市，少数民族学生占一定比例。受成长环境的影响，少数民族学生对自己的民族有强烈的归属感和认同感，考虑问题的出发点也大多是从民族的观点出发，容易将民族文化与中华文化割裂开来。所以引导少数民族学生把民族文化认同与中华文化认同相结合具有一定的必要性。在思想政治理论课中，要使广大学生认识到少数民族文化是中华文化的一部分，保护、发扬少数民族优秀传统文化是对中华文化的保护及认同。要增强少数民族学生的中华民族共同体意识，反对狭隘民族主义，增强民族凝聚力，使各民族文化在社会主义核心价值观的引导下，符合中国特色社会主义发展道路。

（四）以校园文化为载体，加强中华文化认同

环境可以塑造人，环境也可以改变人，先进和谐的校园文化是大学生成长的必要条件。要把校园文化氛围营造好，使学生养成良好的性情，提高人文素质，塑造民族文化认同。

高校加强校园文化建设，应当以爱国主义为核心，弘扬中华民族精神，在多元的文化背景下加强文化认同。高校校园文化建设，可以从以下几个方面出发。首先，发挥大学原有精神的潜移默化的作用。每一所大学都有其传统文化底蕴，这些文化是大学独特的文化，学生在大学文化的熏陶中与积极先进的文化融合。保山学院的"扎根边疆、服务基层、艰苦创业、开放创新"的大学精神，以及"厚德、励学、敬业、笃行"的校训潜移默化地影响着学生积极与先进文化融合。其次，完善校园文化设施建设。赋予校园文化设施建设时代感与感召力，让学生的创新精神能够在环境中被激发出来。同时要在文化设施建设中体现民族精神。再次，要在平时的学习活动中加强校园文化活动建设，特别要注重发展社团文化建设，积极打造以科学、积极、创新、人文为核心的社团文化。积极开展大学生文化艺术节活动及关于宣传中华文化的各类比赛，让学

生在活动中提升自己的能力，在交流中发展自身、融入社会。也可以邀请相关的专家、学者到学校进行相关的讲座，使学生在知识的氛围中、自由的学术氛围中陶冶情操。最后，要利用各种媒介加强校园文化传播建设，充分利用校园文化传播的各种有效的传播载体，营造民族精神氛围浓厚的校园氛围。大学校园文化影响学生对中华文化认同，并且校园文化氛围影响学生的世界观、人生观、价值观的形成。所以，要建设好校园文化环境，创造良好的文化氛围，在良好的氛围中使学生受到熏陶，让广大学生在不断学习中使各种主流文化价值观不断内化于心，在良好的文化氛围影响下不断提升中华文化认同。

（五）增强社会主义先进文化的宣传教育实效

先进文化是人类社会发展的内在驱动力和凝聚力，是人类社会不断进化发展、实现自身力量的重要手段，为经济发展和社会进步提供精神动力和智力支持。是否拥有先进文化，是否代表中国先进文化的前进方向，如同能否代表中国先进生产力的发展要求和中国最广大人民的根本利益一样，决定着一个政党、国家和民族的兴衰存亡。只有努力发展先进文化，才能更好地解放和发展社会生产力，更好地实现和维护人民的根本利益。当前我们处在发展的时代、瞬息万变的时代，我们在拥有先进文化的同时，要做好先进文化的宣传教育工作，并且做有用的工作。

先进文化是我国经济发展和社会进步的重要精神力量，大学生有将其深入学习与理解的必要。学校作为教育的载体应发挥增强先进文化的宣传教育实效的作用，使学生能够掌握先进文化。首先，学校可以利用易班、官方微信等网络途径来进行先进文化的宣传教育，积极鼓励学生下载易班、关注官方微信，学校将学生要学习的精神及文化任务上传至这些平台，学生可进行自主学习。其次，学校可以举办相关的知识演讲竞赛，使学生在活动和准备过程中主动学习先进文化知识。知识演讲比赛不仅可以使参加的学生学习到先进文化知识，也可以让观众学习到一些先进文化知识。最后，学校可以在校园文化中融入先进文化，如在宣传栏进行宣传，以校训、班训的形式让学生理解与学习先进文化知识，也可以通过举办相关的艺术节来进行宣传教育。使学生通过多种途径来学习先进文化，加强学生对中华文化的认同，并能够做到身体力行。

参考文献

［1］ 郑晓云. 文化认同论［M］. 北京：中国社会科学出版社，1992.

［2］ 张旭东. 全球化时代的文化认同：西方普遍主义话语的历史批判［M］. 北京：北京大学出版社，2009.

［3］ 王霞. 民族地区中华文化认同与边疆文化安全［J］. 黑龙江民族丛刊，2012（5）：46-51.

［4］ 郭艳艳. 新疆高校少数民族大学生中华文化认同教育现状及其对策：以新疆大学为例［D］. 乌鲁木齐：新疆大学，2013.

［5］ 卢艳喜. 新疆高校大学生中华文化认同教育的探析［D］. 乌鲁木齐：新疆大学，2011.

［6］ 习近平在中央第六次西藏工作座谈会上强调 依法治藏富民兴藏长期建藏 加快西藏全面建成小康社会步伐 李克强俞正声讲话 张德江刘云山王岐山张高丽出席［N］. 联合日报，2015-08-26（1）.

［7］ 段志忠. 边疆少数民族中华文化认同研究：基于三个沿边乡镇的调查［D］. 昆明：云南大学，2017.

［8］ 王蓓. 云南边疆少数民族对中华文化的认同研究：基于国家认同的视角［D］. 昆明：云南大学，2017.

［9］ 尹旦萍. 边疆少数民族大学生中华文化认同现状调查：以Z民族大学为例［J］. 中南民族大学学报（人文社会科学版），2017，37（6）：41-45.

［10］ 蔡智权. 少数民族中华文化认同探析［J］. 重庆电子工程职业学院学报，2017，26（4）：116-120.

［11］ 陶晴. 边疆地区中华文化认同研究［J］. 怀化学院学报，2018，37（8）：1-4.

［12］ 谷海燕. 关于新形势下新疆大学生中华文化认同教育的思考［J］. 文学教育（下），2018（6）：86-87.

［13］ 唐晓英. 东北边疆治理视域下的中华文化认同研究［J］. 齐齐哈尔大学学报（哲学社会科学版），2018（1）：46-48.

［14］ 朱小理，胡松，杨宇光. "红色资源"概念的界定［J］. 井冈山大学学报（社会科学版），2010（5）：16-20.

［15］ 龚文静. 试论社会主义新农村文化建设的具体路径［J］. 兰州教育学院学报，2013（3）：14-15.

［16］　江旺龙,方文龙.红色文化是马克思主义中国化时代化大众化的重要成果:学习习近平总书记关于红色文化重要论述[J].景德镇学院学报,2018(4):1-6.

［17］　朱贻庭,赵修义.抗震救灾升华中华民族的文化认同[J].探索与争鸣,2018(8):42-43.

［18］　龚捷.新疆少数民族大学生中华文化认同研究[D].乌鲁木齐:新疆师范大学,2014.

多元共治背景下边境村民参与
乡村治理的路径探究

——以腾冲市明光镇为例

马雪风

　　边境乡村治理是中国基层社会治理中的重要环节，是实现国家治理现代化的关键所在。边境村民是边境乡村治理最直接、最重要的主体。边境村民参与乡村治理是社会治理现代化中边境村民自治的最直接体现，也是基层民主最广泛、最有效的实践方式，更是实现边境乡村治理多元化的必要条件。党的十九届四中全会提出"建设人人有责、人人尽责、人人享有的社会治理共同体"①，在多元共治流行发展的背景下，边境村民通过多种路径参与到边境乡村社会治理实践之中，有助于更好地加强和推进以人民为主体的边境乡村社会治理实践，使边境基层社会治理更加科学、合理、民主。

　　明光镇地处云南省腾冲市北部边陲，是腾冲市除固东和滇滩两镇以外的第三个边境乡镇，国境线长54.38公里，明光镇总面积712平方公里，2021年全镇总人口有40981人，少数民族就有3869人，该镇设有9个社区，171个村民小组，有傈僳族、阿昌族、彝族、白族、景颇族等11个少数民族，属于典型的边境多民族地区，"老、少、边、山、穷"的特征显著。结合当地的治理模式，笔者认为对边境村民参与乡村治理的路径进行创新性探究十分必要。对于该镇而言，网格微自治、党员模范户先锋参与、乡贤群体踊跃参与及大数据网民积极参与都是在多元主体协同治理过程中探索出的具有创新性的治理路径。

---

　　① 中国共产党第十九届中央委员会第四次全体会议公报［EB/OL］.（2019-10-31）［2024-10-11］. http://www.gov.cn/xinwen/2019-10/31/content_5447245.htm.

一、相关概念和研究理论基础

（一）相关概念界定

1. 多元共治

自"加强和创新社会治理"被正式提出后，中国许多学者都致力探讨和研究"多元共治"的相关理论。其中理解较为全面深刻的是江必新先生对多元共治的研究理解，其特征有：一是治理主体的多元化。二是共治方式的多元化。三是共治的客体是多元的。四是治理体制和结构的多元。①

那么，根据这一理解，可以把多元共治定义为一种多元主体（包括执政党、政府、社会组织、企业、公众）在中国共产党的领导下，以法治为基础，通过对话、协商、竞争、合作等方式，以共同利益为目的，合法参与国家事务和社会公共事务管理的新型治理模式。

2. 边境乡村治理

边境乡村治理是中国农村治理结构的重要组成部分，是国家治理现代化的重要方面，也是实现国家治理现代化的关键所在。自党的十九大提出"健全自治、法治、德治相结合的乡村治理体系"②后，乡村治理进入了大众的研究视野。

边境乡村治理是指在边境乡村社会的场域下，在一定制度架构下，国家权力主体、边境乡村自治主体及其他利益相关者等多元主体，以国家宪法、法律及村规民约为依据，对边境乡村社会的公共事务进行多元治理的过程或行为。

3. 村民自治

村民自治是乡村治理的重要途径，实行村民自治，由村民依法自我管理、

---

① 江必新. 关于多元共治的若干思考［J］. 社会治理，2019(3)：5-6.

② 习近平. 决胜全面建成小康社会 夺取新时代中国特色社会主义伟大胜利：在中国共产党第十九次全国代表大会上的报告［EB/OL］. (2017-10-27)［2024-10-11］. http://www.gov.cn/zhuanti/2017-10/27/content_5234876.htm.

自我教育、自我服务是中国根据国情和广大农村农民群众的实践而作出的科学抉择，党的十七大就已确定其为中国的一项基本政治制度。此后，中国农村各地都在不断推进落实该项制度，且都取得了一定的理想成效。

村民自治是指乡村农民群众在党的领导下，在法律规定范围内，以村委会为参与平台直接行使民主权利，就村内事务实施自我管理、自我教育、自我服务，进而推进农村经济发展、政治文明、生态环保、社会稳定。

（二）研究理论基础

1. 社会治理理论

在20世纪90年代，"治理"一词开始流行。许多国内外学者对"治理"都有过深入了解与研究。但相对具有权威性的是全球治理委员会在1995年的界定，称"治理"是个人和各种公共或私人机构管理其事务的诸多方式的总和。[①] 王浦劬先生认为社会治理就是治理社会，即特定的治理主体对社会实施管理。[②]"社会治理"由"社会管理"一词发展演变而来。"社会治理"作为"社会管理"的进化体，与后者有着较大差异。首先，主体差异。"治理"由单一主体政府转变为人民群众等多方主体。其次，路径差异。"治理"的路径由单一垂直路径转变为多元共治路径，包括法治、德治和自治等。再次，维度差异。"管理"常是单向的，主要突出政府的权威性；"治理"则是系统化的，它包括政府、社会、群众等各类主体的治理。最后，结果不同。"管理"由于主体具有单一性和权威性，常常侧重"管"与"压"，通常会把社会管死，造成源源不断的社会动荡；"治理"是多元化的、系统化的、扁平化的，通常会考虑到各类主体，实现多方主体利益的最大化，从而会实现社会和谐，国家长治久安。

党的十九届六中全会于2021年11月8日在北京举行，全会强调"在社会建设上，人民生活全方位改善，社会治理社会化、法治化、智能化、专业化水平大幅度提升，发展了人民安居乐业、社会安定有序的良好局面，续写了社会

---

① 肖丹. 四维视角：社会治理现代化的困境和对策研究 [J]. 广西社会科学，2019（2）：73-77.

② 王浦劬. 国家治理、政府治理和社会治理的基本含义及其相互关系辨析 [J]. 社会学评论，2014，2(3)：12-20.

长期稳定奇迹"①。社会治理理论也因此进入一个新高度、新境界，社会治理上升到了国家的重要战略地位。

在中国的政治体制框架下，社会治理是指多元主体运用法律体系、制度体系、道德体系等规范体系，通过对话、协商、合作、沟通等方式依法直接或间接地对国家和社会中有关经济、政治、文化、社会、生态等领域的各个方面、各个环节进行管理的过程。

2. 政治参与理论

政治参与理论一直以来都是学术界的一个重要课题。政治参与是发展民主政治的重要途径，有效政治参与更是一个国家政治稳定的重要保证之一。

自古以来，政治参与行为屡见不鲜，但政治参与的相关理论却起源于现当代，政治参与活动更多的是流行并发展于当代。对于政治参与的概念，学者的理解截然不同。王浦劬认为"政治参与是普通公民通过各种合法方式参加政治生活，并影响政治体系的构成、运行方式、运行规则和政策过程的行为"②。浦岛郁夫指出："政治参与是旨在对政府决策施加影响的普通公民的活动"③。周平先生认为："从政治生活的实际出发，不妨将政治参与界定为公民对政治过程的介入，是以公民为主体的政治行为，以区别于以政府、政治组织为主体的政治行为。"④

综上可以看出，政治参与的主体是指普通公民，客体是公共政治生活，参与方式可以是直接的也可以是间接的，前提是群众的自愿心理。因此，可以把政治参与定义为普通公民以各种方式自愿参与政府政治活动，从而直接或间接地影响公共政治生活的过程。⑤

从中国政治实践情况来看，以政治参与的效果为依据，可将其分为有效参与和无效参与，其中，有效政治参与是实现国家善治的重要标准。政治参与是实现政治民主建设的重要手段之一，政治参与对国家政治统治、政治民主、政治文化、经济发展、社会稳定都有着非常重要的影响。

---

① 中国共产党第十九届中央委员会第六次全体会议公报［EB/OL］.（2021-11-11）［2024-10-11］. http://www.gov.cn/xinwen/2021-11/11/content_5650329.htm.

② 王浦劬. 政治学基础［M］. 4版. 北京：北京大学出版社，2018.

③ 浦岛郁夫. 政治参与［M］. 北京：经济日报出版社，1989.

④ 周平. 论政治参与［J］. 思想战线，1999（4）：2.

⑤ 杨光斌. 政治学导论［M］. 5版. 北京：中国人民大学出版社，2019.

3. 多中心治理理论

"多中心"一词最开始出现在博兰尼的《自由的逻辑》一书中，在该书中总结了两种社会秩序，即集中领导指挥秩序和多中心秩序[1]。奥斯特罗姆夫妇在此基础上共同创立了多中心治理理论，主要是在政府和市场之间引入第三个中心——社会[2]。多中心治理理论最早出现于西方国家，该理论是对政府原有治理模式进行创新所得，形成了政府、社会和市场三者共同参与共同治理的模式，对实现经济、政治、文化、社会和生态的全面发展具有重要价值。

多中心治理是指在管理社会公共事务的过程中，政府、社会及市场等多方参与，通过分散、削弱和限制政府权力，鼓励公民群众和社会组织积极参与到管理过程中，实现各方之间的相互制约和互补。多中心治理具有显著特征：一是主体多元性，包括政府、政党、商业团体、公民团体、利益团体、公民个人等。多中心治理要求各主体广泛参与到公共事务的管理过程中，打破政府单中心的权威秩序，实现多元参与的治理局面。二是多元主体权力的平等协调性。多元治理要求各参与主体的主动权和话语权是平等的，实现共同治理、共担责任、协调平衡。三是集体规则性。在多中心治理过程中，各参与主体在相互独立的同时，都在遵循着一定的或明显或潜在的集体规则，以具体问题为切入点，各主体相互合作、相互协商，共同解决问题，从而实现治理高效化、利益最大化和结果最优化。四是互动性。

多中心治理是一个多元互动的过程，政府、市场和社会通过合作、竞争、协商、谈判等方式来解决公共治理问题，进而满足国家和社会发展的现实需求。[3]这种以"权力分散、协同管理"为特征的治理模式，对中国边境基层社区治理具有重要参考价值。

4. 自治理论

自治是指自己管理自己的事务，是指一个主权国家的一定社会区域或社会组织内，其社会成员依据国家宪法或法律规定，对自己内部的事务享有和行使

---

① 博兰尼. 自由的逻辑 [M]. 冯银江，李雪茹，译. 长春：吉林人民出版社，2002.

② 奥斯特罗姆. 公共事物的治理之道：集体行动制度的演讲 [M]. 余逊达，陈旭东，译. 上海：上海三联书店，2000.

③ 吴海燕. 社会转型与城市社区多中心治理初探 [J]. 湖州职业技术学院学报，2006（1）：1-5.

权力，实行自我管理的行为和制度。[①]自治理论的核心问题是，在一定的环境中，一群相互依存且利益相关的人自行组织起来实施自我管理，并通过自我约束、相互监督的方式来监督那些为一己私利而不顾公共利益的个人行为，防止他人坐收渔翁之利，进而保护群体的公共利益。

自20世纪80年代以来，村民自治成为中国基层社会治理的主要治理模式。《中华人民共和国村民委员会组织法》第二条规定，村民委员会是村民自我管理、自我教育、自我服务的基层群众自治性组织，实行民主选举、民主决策、民主管理、民主监督。在多元共治背景下，其主体包括乡镇政府、村委会、村民群体及村民个人。根据组织法规定，其内容主要是民主选举、民主决策、民主管理、民主监督。其对象主要是指村内事务。

村民自治制度是一项具有中国特色的农村基层民主政治制度，符合当前农村政治和经济的发展需求，且具有一定的合理性和合法性。村民自治理论对中国边境乡村治理具有重要的指导意义。

（三）边境村民参与乡村治理的角色定位

边境乡村治理的内容主要包括防边护边、边境乡村经济建设、边境乡村村容村貌建设、边境社会法治建设、边境民族文化传承以及边境乡村基层民主建设等方面。本文主要从村民参与防边护边、经济建设、乡风文明、民族文化传承方面进行阐述。探究边境村民在其中扮演什么样的角色对开展边境乡村治理工作至关重要。

边境村民是边境乡村治理最直接、最重要的多元主体之一。党的十九大报告提出了"共建共治共享的社会治理格局"，这不仅使"政府包办一切"的管理模式转变为"政府引导，多方协同参与"的治理模式，还使村民从"被管理者"转变成为"治理者"，这种转变更加强调并突出了人民群众的主体地位。

边境村民转变角色后，既是边境乡村的治理主体又是边境乡村的治理对象，本着"自己管理自己，自己服务自己"的个体本位理念，边境村民在村镇治理过程中具有极大的积极性。虽然在边境乡村治理过程中，政府发挥着必要的引导作用，但其总有无暇顾及之处，边境村民作为边境社会的细胞、边境地区的主人，在村镇治理过程中的作用是不可替代的。边境乡村由于地理位置特

---

① 米翠莲. 西北少数民族地区村民自治的问题与对策［J］. 剑南文学：经典阅读，2011（7）：162.

殊、人员构成复杂，进而会衍生出许多边境问题（如边境贸易、跨境犯罪、边境冲突等），边境村民在处理或协助处理这些问题时将会更加容易。此外，边境村民以主人翁的角色地位，在防边守边护边，在民族交往、交流、交融的过程中也发挥着不可忽视的重要作用。

作为社会治理主体之一的边境村民参与边境乡村治理实践，是实现"共建共治共享的社会治理格局"的根本手段和必要途径，也是边境村民主人翁地位在乡村治理过程中的价值体现。在这一理念下，人民群众积极发挥自己的主人翁作用，通过多种路径参与到乡村社会治理实践之中，能够使边境乡村治理更加民主、合理、科学，更加有助于推进民主和谐、富裕美丽的边境乡村社会治理局面的形成。

二、明光镇村民参与乡村治理的实践与成效

（一）明光镇村民参与乡村治理的现实状况及机制

明光镇位于云南省腾冲市北部边陲，与缅甸克钦邦第一特区接壤，11 个少数民族聚居于此，因地处边境、多民族聚居，管边控边形势十分严峻，加之社会发展的同时农村各类矛盾纠纷凸显，社会治理工作任重道远。诸多问题都影响着"农村稳、农民富"的国家战略指挥棒，探索如何对明光镇进行有效治理成为该镇必须解决的重要问题。近年来，明光镇试图充分调动每一个村民参与到乡村治理的过程中，充分发挥每一个乡村治理主体的潜在作用，为充分调动各个民族、各个村民参与到乡村治理中，该镇在积极探索实行"党建 + 综合治理"模式下大力推进"1 + 1 + N"农村末梢治理的同时，形成了许多具有显著效益的体制机制。

1. "十户联防"机制

为加强边境防控，该镇以村民小组或自然村为单位成立自管组，以努力实现"小事不出格、大事不出村"的管理目标。自管组下又以每 10 户村民为单位设立"十户联防制"，让群众的事情群众商量解决，实现在村镇治理中群众从"看着干"到"跟着干"，从"跟着干"到"比着干"，形成"组组行动、户户参与、人人有责"的农村治理新格局。

2.“四联”机制

为推动当地经济发展，该镇在充分发挥党组织的战斗堡垒作用的同时，形成总支联支部、支部联村民小组、村民小组联村民组织、村民组织联村民的“四联”机制。在“四联”机制下，该镇又探索形成了“劳务经纪人＋政府＋企业”和“劳务经纪人＋政府＋学校”两种模式，实现了村民就业有渠道，致富有门道。

3.“党员 1 拖 N”机制

为促进乡风文明建设，该镇推行“党员 1 拖 N”机制，重点推行“党员模范户”模式。该镇通过党员“手拉手”，落实党员包保责任，发挥党员带头作用，1 户党员户带 10 户周边村民，积极引导和督促村民主动参与村庄环境整治、村镇风貌建设。

4.“四议两公开”机制

为防止因为决策失误或决策不合理而引发不必要的社会矛盾，该镇实行“四议两公开”机制。凡是在处理村镇重要事务时，该镇都严格遵循党支部会议提议，两委会议商议，党员大会审议，最后村民代表大会决议的流程，并且坚持决议和结果公开。明光镇在开展法治教育与宣传工作时就充分利用了“四议两公开”机制，在该机制中充分发挥了法律顾问、党员及村民的终端作用。这为明光镇深入开展法治教育与宣传工作带来了极大的动力，推动了该镇“三治”的深度融合。

（二）明光镇村民参与乡村治理的实践成效

1. 边境村民是防边护边的生力军

唇亡齿寒。对明光镇村民而言，守边护边是他们义不容辞的责任与使命，“镇守边关、视死如归”是他们守好国门的决心和意志的体现。近年来受疫情影响，守边护边工作更加严峻，明光镇村民在防控中守边，在守边中防控。在该镇的边境管控工作中，党组织、政府、党员突击队员、军警、民兵、村民各主体都积极参与进来，形成了党政军警民“五位一体”的联防联控机制。明光镇在边境 2000 多户村民家中挂上党旗，开展旗帜护边行动，并通过 881 个“十户联防"网格使边境村民们参与到防边护边工作中。这些边境村民还定期与军警官兵共同开展界碑维护、巡逻护边等活动，守边护边的责任意识在边境村民心中扎根，形成"户户是哨所、人人是哨兵"的防控格局。

2. 边境村民是促进边境乡村经济发展的终端力量

要推动边境乡村经济的发展就需要边境乡村各主体共同发力。边境乡村的经济发展不仅需要党组织的引领和政府的服务管理，更需要边境村民的主动参与。明光镇有烤烟、乌龙茶、中草药、羊肚菌、万寿菊、肉牛养殖等主要产业，明光镇村民是推动这些产业发展的终端力量。2022年，明光镇村民种植烤烟22309亩，种植羊肚菌1100余亩，参与种植户200余户，万寿菊种植户70余户，肉牛养殖户2358户。该镇探索形成了"公司+基地+农户""党支部+合作社"等多种经营模式。该镇始终坚持党支部引领、党员带头、明光镇村民参与、企业参与，使该镇产业从种植、管理、采收到销售得到了保障。此外，该镇在充分发挥党组织的战斗堡垒作用的同时，探索推进"劳务经纪人+政府+企业"和"劳务经纪人+政府+学校"两种模式，通过"四联机制"逐层筛查，为就业群众提供产业带动、技能提升、返乡创业、扶贫车间四种保障模式，实现劳动力输出就业2万多人，贫困劳动力输出就业2000多人，这有助于明光镇调整产业结构，促进明光镇经济的繁荣发展。

3. 边境村民是促进乡风文明建设的关键主体

边境乡风文明建设是边境乡村治理的重要内容。明光镇利用"党员1拖N"等机制，充分调动村民的主体力量，让明光镇每一个村民积极参与到家乡的村容村貌建设中，塑造了美丽边疆、大美明光的名片。明光镇村民积极参与镇政府和村小组组织的田埂会、火塘会、户长会等各类宣传会议，积极响应号召，努力做到全员参与。这有助于明光镇持续推动"五美一最"工程、爱国卫生"七个专项行动"和建设"美丽村庄"与"最美庭院"，有助于明光镇推动产业发展、人居环境提升、村庄治理等工作的深度融合，形成清静悠然的田园风光和美丽恬静的新时代美丽乡村景象。

4. 边境民族文化传承主要靠边境村民

边境民族文化代表着国门文化，边境民族文化的建设与传承是边境乡村建设中不可或缺的重要环节。明光镇注重民族传统文化的传承与创新，鼓励村民通过"点墨渲染"方式，积极探索挖掘各少数民族的传统文化，并做好保护与传承。明光镇村民通过日常的生活习俗、参与各类民族节日活动，以及教育下一代等方式继承本民族的特色传统文化。明光镇最著名的节日是刀杆节，这可以说是一个属于该镇所有民族共同的极具民族特色的节日，村民会在这个传统节日的庆祝会上，表演上刀杆、下火海等节目。此外，该镇还有三弦舞、跳嘎、射靶等民族活动，皮人赊豆腐的民间故事，少数民族服饰、建筑和传统手艺等民族传统文化，这些民族传统文化的传承与发扬需要村民积极参与到节日活动中，都离不开各民族的日常生活。明光镇的许多优秀村民（如傈僳族村民李国书、农民画家麻永春、乡村教师赵雪梅等）都对家乡民族文化的传承与发扬作出了重要贡献，这对传承边境民族文化、推动明光镇民族文化产业的长足发展有着重要意义。

三、明光镇村民参与乡村治理中存在的主要问题及原因分析

（一）明光镇村民参与乡村治理过程中存在的主要问题

1. 村民参与程度不深和参与效率不高

边境村民在参与边境乡村基层民主政治建设过程中，当自身的利益诉求得不到满足时，往往选择不参与、被动参与或象征性参与。明光镇在长期发展过程中，由于其地理位偏远，思想意识相对落后，隐形民族矛盾长期潜存，要实现该镇村民有效参与基层民主政治建设具有一定的困难性。边境村民对参与乡村治理积极性不高，参与意识不够强烈。该镇很多村民表示，在民主决策过程中，村党支部起决定作用，村民在民主决策过程中不起任何作用。于是他们往往会选择不参与或被动参与村务决策。村民李大爷表示："我们对于社区治理方面的政策和规定不怎么了解，也不太清楚。"该镇有一部分村民往往因为对某一政策不了解或存在误解，不愿意参与该政策的执行过程。村民麻大妈表示："我不是政府的工作人员，从来没有参加过村民代表大会，也没有参与过村务管理。"可见，该镇村民对基层民主管理了解不全面，认为村务管理是政府工作人员和社区工作人员的职责，对村务决策与村务管理积极性不高。对于类似的诸多村务决策和村务管理活动，许多边境村民都存在"事不关己"的淡漠心态，选择疏离政治。

2. 村民结构不健全

在参与明光镇经济建设、村容村貌建设及基层民主建设过程中，村民结构不健全。笔者在走访调查过程中发现，明光镇响应政府"建设美丽村庄"和"最美庭院"的村容村貌建设号召的大多是老年人、妇女和孩童。走过明光镇的田野，从事养殖业与在地里劳作的大多是年龄在40岁以上的村民。不难发现，参与该镇乡村治理的村民存在明显的老年化问题。

该镇参与村镇治理的村民在文化结构上也存在一定的差异。通过调查可以发现，参与明光镇村镇治理的村民文化程度多为小学学历水平，还有部分村民不识字或识字较少，由于其受教育程度相对较低，参与村镇治理的效果受到了很大影响。

此外，明光镇参与村镇治理的村民还存在民族结构上的差异。边境乡村治理会涉及许多少数民族领域，受民族文化因素的影响，明光镇在开展动员村民参与转移就业和产业发展、村容村貌建设、村务决策管理及防边护边过程中存在一定的阻碍，许多政策及村务宣传工作无法传达到位，以至于村镇村务治理工作不能得到有效开展。

3. 村民参与乡村治理的方式较单一

在明光镇基层民主政治建设过程中，明光镇村民可以通过多种方式和途径参与其中，可以加入基层政府，成为带头人；可以充分利用村民委员会发表意见或建议；可以通过其他社会性组织踊跃参与；也可以通过"互联网＋"平台参与等。但在明光镇村民实际参与基层民主政治建设过程中，参与的途径和方式偏向保守与单一。村民麻大伯说："如果我对村干部有意见，我会等到村里开会时提出来。""我会把政府工作人员的不当行为告诉村民代表，通过村民代表会议进行监督。"村民小李说。通过访谈可以发现，村民在进行民主监督时多选择参与会议或村民代表会议的方式进行监督。村民赵女士说："我不知道通过什么方法可以表达自己的看法，除非能够参加会议，在会议上提出建议。"由此可知，该镇村民在参与民主决策过程中所选择的方式也是较为单一的。

在明光镇村容村貌建设过程中，村民通常只有在党员和政府工作人员的带领下，才积极参与乡镇的垃圾清理、河道清理及居家环境整治等村务治理工作。该镇村民在参与过程中对政府依赖性较强，过于依靠传统的政府管理模式被动参与，往往忽略了自己的主体性和其他参与途径。该镇村民还可以通过自家家居环境整治、参与日常环境卫生整治或志愿服务带头整治等方式，形成环境卫生治理常态化，逐步推进乡镇村容村貌建设。

（二）明光镇村民参与乡村治理存在的主要问题的原因分析

1. 部分村民的利益诉求得不到有效回应或满足

边境村民参与乡村治理的前提条件是满足自身利益或利益最大化，进而增强乡村治理主体意识，提高边境乡村治理的参与兴趣。在参与过程中，边境村民自身利益诉求得不到满足时，就会挫伤其参与积极性，往往会存在挫败感，从而降低参与度。从博弈论角度来看，边境村民参与边境乡村治理就是要与其他多元主体进行博弈①，尤其是镇政府和"村两委"。但受传统治理模式的影响，边境村民在乡村治理过程中往往处于劣势地位，在涉及自身利益时，村民不敢或不会与政府和"村两委"进行正面博弈，从而自身的利益诉求得不到真实表达。长此以往，边境村民会逐渐选择既不表达也不参与治理。

同时，边境村民自身主人翁意识不够强烈，未能充分发挥好边境村民的乡村主体作用，"社会进步靠大家"的精神没有得到有效涵养与发挥，这也导致边境村民参与边境乡村治理的力度不强，效率不高。

2. 边境村镇自身问题突出，人口结构复杂

明光镇是典型的边境村镇，依然存在"老、弱、边、穷"的明显特征。为改善该镇的落后状况，快速发展当地经济，明光镇政府大力推进"劳务经纪人＋政府＋企业"和"劳务经纪人＋政府＋学校"两种模式，进行劳动力输出就业，在外务工成为该镇村民的主要经济来源。明光镇2021年总人口40981人，劳动力转移就业2万多人，输出的明光镇村民大多是青年及中年劳动力，留在明光镇本地的大多是老年人、妇女和孩童，这也导致在该镇乡村治理过程中，参与的村民趋向于老年化。

参与该镇乡村治理的村民年龄多在40岁以上，这部分村民由于受早期经济条件落后及教育水平较低等因素的影响，文化程度相对较低，这也是明光镇

---

① 张成福，李丹婷. 公共利益与公共治理［J］. 中国人民大学学报，2012，26（2）：95-103.

村民在参与乡村治理过程中，参与人员文化结构存在差异的原因。

明光镇属于典型的边境少数民族村镇，有傈僳族、阿昌族、彝族、白族、景颇族等11个少数民族，其中少数民族就有3800多人，再加上由伴生性跨境婚姻带来的许多外籍妇女，使该镇人口的民族结构十分复杂，而这部分村民又由于文化差异无法参与或不能有效参与到乡村治理中。

3. 基层民主建设机制不健全

基层民主是最大的民主，要实现乡村有效治理就必须建设好基层民主制度，并把基层民主制度落到实处。基层群众自治机制要求在乡村治理过程中主动包容并鼓励广大村民有序参与，要加强各社会组织及村民团体的民主协商力度，政府要加大政务信息的公开透明度，自觉接受各类主体的合法监督，要拓宽村民参与乡村治理的范围和途径，并不断丰富参与乡村治理的内容和形式，要保障人民群众切实享有更多民主权利。该镇在推进"党建+综合治理"模式的同时，主要强调党员示范在乡村治理过程中的单调路径，侧重政府带头落实落细，忽略了建立系统化的参与机制，未能充分发挥工会、妇联、共青团等路径的作用，以致该镇村民在参与乡村治理过程中选择的路径与方式相对保守和单一。

四、边境村民参与乡村治理的路径创新

（一）网格微自治

网格化自治是边境村民参与乡村治理的最直接路径。党的十八届三中全会通过的《中共中央关于全面深化改革若干重大问题的决定》提出，要改进社会治理方式，创新社会治理体制，以网格化管理、社会化服务为方向，健全基层综合服务管理平台，及时反映和协调人民群众各方面各层次利益诉求。自此，网格化在国家政策的鼓励下大范围推行。网格微自治基于网格化治理，所谓网格微自治就是在原来的村镇区划基础上，借助互联网信息平台，根据一定的地理空间和人口分布状况，将村镇细化为若干网格单元，实现辖区内的人、事、物在网格内得到自行管理的一种乡村治理模式。该治理模式的关键在于动员全体村民积极参与到乡村事务的管理中，做到小事不出格、大事不出村。其特点是实现精细化治理，这也是网格微自治的核心思想。

明光镇网格微自治的具体表现是"十户联防"机制。"十户联防"机制在该地最初主要用于新冠病毒感染疫情的防控管理工作，但在最近几年的探索与实践中，其作用远不止于此。"十户联防"是指由十户村民根据远近亲疏关系组合而成的自我管理、自我监督的防控小组。在这十户村民中有一个联户长，这个联户长通常是由小组自主选择出的具有一定威望的普通村民或中共党员。当"十户联防"机制得到充分运作时，政府政策宣传或政策贯通执行、村镇红白喜事、村容村貌建设及村民矛盾纠纷等与村民密切相关的政务村务都能得到合理解决。在联户长的带领下，其余九户村民都会积极地参与其中，营造出一种"你管、我顾、大家做"的参与氛围。在"十户联防"机制中，每一个边境村民都是治理主体，这一机制使村镇每一个边境村民的主人翁地位得以充分彰显，从而大大提高了边境村民参与乡村治理的积极性与主动性。

（二）党员模范户带头先行

明光镇在推进"党建＋综合治理"模式的试行过程中，充分发挥了党员在乡村治理中的先锋模范作用。"十户联防"机制中设有"党员模范户"，并在模范户家门口悬挂"党员模范户"的门牌。该镇还在几个抵边社区的党员家中插上了五星红旗，实施"旗帜红边"行动，形成一个党员一个中心的模范带头治理新机制。

党员模范户是"党建＋"治理模式的基层治理细胞。通过党委带头，村民参与，搭建起"上面千条线，下面一张网，治理全覆盖"的治理格局。"党员模范户"这一模式，在夯实党建工作的同时，最重要的是能在边境乡村治理过程中充分发挥党组织的战斗堡垒作用，引导边境村民自觉增强国家意识和主人翁意识。在让每一个党员同志宣讲政策、优化环境、进行产业培训、传承民族文化、化解矛盾纠纷时都能够充分发挥先锋模范作用。推进实施党员模范户对边境乡村实现经济发展、社会稳定乃至国家善治都具有重要意义。

（三）新乡贤群体引领发展

边境新乡贤群体作为边境乡村治理的重要主体之一，在参与边境乡村治理的过程中发挥着不可替代的引领作用。边境新乡贤群体引领边境乡村发展是村民个人参与边境乡村治理的重要路径之一。同时，边境新乡贤群体是对村民影响最大的引导力量。明光镇在乡村治理过程中，非常注重开展"干部规划家乡行动"座谈会，这一活动充分调动了许多新乡贤能人参与其中。新乡贤群体通过对家乡的发展现状、党组织建设、基础设施建设、自身优势、制约因素等情况进行分析并踊跃发言，围绕土地规划、基础设施建设、人居环境改善、特色文化产业打造及家乡特色产业发展等方面提出了许多可行、实用的建议和意见。

对于正处在建设发展阶段的边境乡村而言，边境新乡贤群体可在一定程度上缓解人才短缺的问题。与一般边境村民不同的是，边境新乡贤群体具有较高的道德文化素养，能凭借其自身特质对边境村民产生广泛影响。因此，各边境村镇可结合边境当地的实际状况，因时因地探索"乡贤评理会""红白理事会""乡贤咨询会"等，充分调动边境新乡贤群体参与到边境乡村治理中，让其在解决乡村社会问题、处理村民矛盾纠纷、规划乡村建设和提供公共服务等方面发挥积极作用，使边境乡村发展更加科学合理。

（四）大数据技术提升参与治理力度

大数据网民是边境村民参与乡村治理的又一重要主体。网民通过互联网平台参与乡村治理是当代村民参与乡村治理的创新型路径。互联网、大数据等新兴科技已经成为人们日常生活中不可或缺的一部分，人们的生活和工作方式也因此发生了巨大变化。基于互联网平台参与乡村治理的大数据网民数量与日俱增。大数据网民通过互联网等新科技参与治理的路径，不仅给当地边境村民参与村镇治理带来很大的便捷性，而且使在外务工的村民参与自己的家乡建设或参与乡村治理成为可能。

大数据网民在通过互联网参与边境乡村治理的过程中，不仅能够提高自身的公民意识和主人翁责任感，还能通过自媒体发展"互联网＋乡村治理"，这种模式有利于把身处异地的村民拉入边境乡村治理中来。在网民通过互联网参与乡村治理的这一路径中，微信组群成为边境村民参与村镇治理的最微型、最常用网络平台。通过这一路径，边境村民可以充分利用信息网络技术来实现网络问政、网上办事、网上官民互动、网上监督等，从而实现大数据网民多方参与、全面监督的信息化边境乡村治理体系。

五、结语

在新时代，乡村治理或社区治理一直是我国社会治理的重要部分，它关系着能否实现国家治理现代化的战略目标，具有特殊复杂性的边境乡村治理更是其中的关键一环。

本文主要站在多元共治的大背景之下，以村民个体为主要切入点，参考腾冲市明光镇的乡村治理模式，深入探讨了村民作为乡村治理最直接的主体参与乡村治理的重要意义。笔者在前期通过调查、走访、查阅文献等方式对明光镇进行了深入了解，明光镇虽然在"党建＋综合治理"模式下探索实行了"十户联防"机制、"四联"机制、"党员 1 拖 N"机制，以及"四议两公开"机制等，并且都在村镇治理过程中取得了显著效益，让该镇的村镇治理前景更加光明。但是，由于明光镇自身的边境特殊性，即使镇党委加大村镇探索治理路径和鼓励村民积极参与的力度，该镇在乡村治理过程中也依然存在着许多问题与困境，如村民参与效率不高、参与的村民结构不健全及参与方式不全面等。这些问题都是我国边境乡村治理过程中存在的且较难突破的困境，还需各基层政府在治理过程中不断探索，不断攻克。

笔者结合明光镇治理模式，思考探究了边境村民在乡村治理中的创新性参与路径，包括网格微自治、党员模范户带头先行、新乡贤群体引领发展和大数据技术提升参与治理力度，这些路径对各地基层社会治理探索和试行新型治理模式具有重要的借鉴和启发意义。

本文不同于其他学者的研究之处在于，笔者把乡村治理问题进行了微处理，对其进行了分割与细化，对边境乡村治理研究有一定的价值。但同时笔者注意到，本文的不足之处是研究基于特定的村镇，具有一定的区域局限性，在边境线总长 5.52 万公里的中国，诸多边境村镇的治理模式会因地制宜，各具特色。这就意味着边境村民参与乡村治理的路径模式是因时因地因人而异的，这也是笔者有待继续深入探究之处。

参考文献

[1]　中国共产党第十九届中央委员会第六次全体会议公报［EB/OL］.（2021-11-11）［2024-10-11］http://www.gov.cn/xinwen/2021-11/11/content_5650329.htm.

[2]　习近平.决胜全面建成小康社会 夺取新时代中国特色社会主义伟大胜利：在中国共产党第十九次全国代表大会上的报告［EB/OL］.（2017-10-27）［2024-10-11］.http://www.gov.cn/zhuanti/2017-10-27/content_5234876.htm.

[3]　中国共产党第十九届中央委员会第四次全体会议公报［EB/OL］.（2019-10-

31)〔2024-10-11〕. http://www.gov.cn/xinwen/2019-10/31/content_5447245. htm.

［4］ 江必新. 关于多元共治的若干思考［J］. 社会治理,2019(3):5-15.

［5］ 杨光斌. 政治学导论［M］. 5版. 北京:中国人民大学出版社,2019.

［6］ 肖丹. 四维视角:社会治理现代化的困境和对策研究［J］. 广西社会科学, 2019(2):73-77.

［7］ 王浦劬. 国家治理、政府治理和社会治理的基本含义及其相互关系辨析 ［J］. 社会学评论,2014(3):12-20.

［8］ 张成福,李丹婷. 公共利益与公共治理［J］. 中国人民大学学报,2012,26 (2):95-103.

［9］ 米翠莲. 西北少数民族地区村民自治的问题与对策［J］. 剑南文学:经典阅 读,2011(7):162.

［10］ 王浦劬. 政治学基础［M］. 4版. 北京:北京大学出版社,2018.

［11］ 吴海燕. 社会转型与城市社区多中心治理初探［J］. 湖州职业技术学院学 报,2006(1):1-5.

［12］ 博兰尼. 自由的逻辑［M］. 冯银江,李雪茹,译. 长春:吉林人民出版社, 2002.

［13］ 奥斯特罗姆. 公共事物的治理之道:集体行动制度的演讲［M］. 余逊达,陈 旭东,译. 上海:上海三联书店,2000.

［14］ 周平. 论政治参与［J］. 思想战线,1999(4):2.

［15］ 浦岛郁夫. 政治参与［M］. 北京:经济日报出版社,1989.

新乡贤在乡村振兴过程中的作用探究

——以保山市隆阳区瓦渡乡为例

史春富

习近平总书记在党的十九大报告中提出了"要坚持农业农村优先发展，按照产业兴旺、生态宜居、乡风文明、治理有效、生活富裕的总要求"①，将"治理有效"作为总要求之一。在乡村振兴和乡村治理现代化的大背景下，乡村治理是否有效，很大程度上决定了乡村振兴目标能否顺利实现，也影响着乡村治理现代化的整体进程。进入新时代，乡村社会发生了很大的改变，出现了新乡贤这一群体，他们是基层治理过程中不可或缺的力量。当前，乡村振兴战略正在大步推进，如何更好地发挥新乡贤的作用成为学界讨论的热门话题。但是从当前制约新乡贤作用发挥的因素来看，复杂的治理环境和比较分散的新乡贤资源难以整合是造成新乡贤群体作用发挥不明显的主要原因。如何化解当前制约新乡贤作用发挥的不利因素，探索强化新乡贤在参与基层治理和推进乡村振兴的对策十分重要。

---

① 习近平. 决胜全面建成小康社会 夺取新时代中国特色社会主义伟大胜利：在中国共产党第十九次全国代表大会上的报告 [EB/OL].(2017-10-27)[2024-10-11]. http://www.gov.cn/zhuanti/2017-10/27/content_5234876.htm.

一、新乡贤的内涵及特征

（一）乡贤的演变

在中国古代传统社会，县是最低一级的政府，县以下的乡村治理基本靠自治，"皇权不下县"是其最主要的特点。乡村公共事务主要靠乡里具有威望的长者进行管理，通过制定有利于乡村发展稳定并蕴含着见贤思齐、诚信友善、尊老爱幼等优秀传统文化内涵的村规民约来教化同一宗族的人，这些人被称作"乡绅"。乡绅作为传统社会中比较活跃的一个群体，对我国漫长的传统乡村社会发展和流变的影响较大。他们是传统乡村社会建设、公共事务管理和乡风培育的主导力量，受到了人们的尊敬和爱戴，在数千年中国农耕文明延续发展过程中，扮演着维持乡村社会秩序稳定的重要角色。

新中国成立以后，全国开始实行"乡政村治"的基层政权治理模式，乡绅演变成了开明和拥护人民民主专政的贤能之人。在新中国成立之后的半个多世纪以来，大众包括学术界往往将这一群人称为"乡贤"。在基层自治的过程中，乡贤成为连接国家与乡村社会的纽带，在传达政府的法令，传承文化习俗，调解纠纷，教化乡里，组织农事生产和上缴税收等方面，发挥了重要作用。有的乡贤身份的获得不是来自基层政府的任命，而是源于身边群众的认可和支持，是一种乡村内生而来的"魅力权威"。

新乡贤作为乡村治理的新力量，最早进入人们的视野始于2013年《光明日报》推出"新乡贤—新农村"的专题报道。①之后，随着中国特色社会主义进入新时代，越来越多的学者开始关注新乡贤这一群体，在研究新乡贤文化和探讨新乡贤的作用等方面的研究也取得了一些丰硕的成果。

（二）新乡贤的界定

目前，学术界在对于新乡贤的概念界定方面往往见仁见智，没有定论。在新的历史条件下，新乡贤群体的出现，体现了乡土社会对中国传统文化的继承

---

① 萧子扬，黄超. 新乡贤：后乡土中国农村脱贫与乡村振兴的社会知觉表征［J］. 农业经济，2018（1）：74–76.

和发展。①综合一些学者对新乡贤概念的界定，笔者认为，新乡贤是在新时代拥有一定知识、技术、资金和资源，热爱乡村事业，能够为乡村建设发展和维护秩序稳定贡献力量的贤能群体。新乡贤不仅扮演着传统乡贤所具有的教化乡里、培育文明乡的角色，还要发挥好在深入推进乡村振兴过程中，发展农村产业经济，带领群众脱贫致富，让人民群众过上幸福、高质量生活的作用。

（三）新乡贤的特征

新乡贤既是我国传统乡贤文化的传承者，也是时代发展的产物，具有与以往任何时期的乡贤都不同的新特点。首先，新乡贤产生于新的时代背景。与以往基于父系血缘和亲缘关系产生的传统乡贤不同，新乡贤的出现植根于中国特色社会主义政治、经济和文化制度，新乡贤的身上不仅凝聚着中华优秀传统文化，还深刻展现着社会主义核心价值观的时代面貌，具有显著的时代进步性。其次，新乡贤的人员构成更加丰富。传统乡贤的构成主体主要局限于科举及第未仕或落第士子、退休回乡或长期赋闲居乡养病的中小官吏、宗族元老等一批在乡村社会有影响的人物，具有"似官非官、似民非民"的特征。新乡贤产生于中国特色社会主义制度背景，来源范围更加广泛，只要积极拥护中国特色社会主义伟大事业，坚定践行社会主义核心价值观，有德行、有才学、有贡献、口碑好、威望高，就能成为新乡贤。从职业范围来看，只要是德才兼备、对家乡建设作出贡献的人，各行各业的人都可以成为新乡贤。再次，新乡贤具有新的地域属性。新乡贤可以分为"在土乡贤"（即"在场"的乡贤，指具有一定文化基础、人品较好、威望较高、扎根乡土发展事业的乡贤）和"离土乡贤"（即"不在场"的乡贤，指那些虽然不定居农村但生于农村、依然热爱农村的各行各业精英）两类。新乡贤之"乡"超出了籍贯的局限，具有更为广泛的空间范围，可以指生于此地、长于此地或从外地到此地工作生活的人，也包括那些虽外出发展但仍与家乡保持着密切联系并为家乡贡献力量的人。在新时代的语境下，只要是与特定的乡村具有一定联系并被当地认可的贤达之士都可成为新乡贤。最后，新乡贤具有新的权威来源。与传统乡贤基于封建社会的家族本位和伦理本位并依赖其所具有的功名及其为族人提供庇护的能力而具有权威不同，新乡贤主要在农村基层党组织的领导下依靠自身道德、文化、技能、资源

---

① 张兆成. 论传统乡贤与现代新乡贤的内涵界定与社会功能 [J]. 江苏师范大学学报（哲学社会科学版），2016，42（4）：154-160.

等综合能力而获得村民的信任与地方政府的认可。新乡贤是人民群众的重要组成部分，是参与乡村治理的重要主体，主要在基层党组织领导下，通过乡贤理事会、乡贤工作室等载体发挥建设乡村的积极作用。

二、新乡贤在乡村振兴过程中的角色定位

在脱贫攻坚的关键时期，乡村振兴战略拉开序幕之时，聚焦乡村发展，产业兴旺，脱贫致富，为打赢脱贫攻坚战，决胜全面建成小康社会，推动乡村振兴走好关键一步，需要更多的力量参与。国家的稳定在于政治，而政治的稳定在于农村。①由于历史、资源和区位等因素方面的差异，农村发展往往具有不平衡性，这一不平衡性往往容易导致农村政治文化发展的不平衡。发展经济，实现现代化，广大的农村大有可为。新乡贤的角色形成及其功能以一定的政治、社会、文化体系为基础，具有一定的时代性，国家治理体系上的"双轨制"是其深厚的政治底蕴。新乡贤作为一股不可忽视的重要力量，在辅助地方政府和村委会管理好乡村事务，推动乡村产业发展和实现生活富裕，维护乡村发展的正常秩序，参与基层事务管理等方面，作用十分明显。

（一）基层事务的管理者

在乡村振兴的大背景下，乡村治理是否有效，决定乡村振兴目标能否顺利实现。乡村治理现代化与乡村振兴是相辅相成、相互促进的关系，探索乡村治理的新模式，迫切需要增强乡村治理力量，呼唤多元的力量加入推进乡村治理现代化这一系统工程中来。新乡贤热爱家乡的生活，对家乡有着深厚的情感。新乡贤基于对家乡的深厚情感，其容易发现自身在乡村建设中的价值，对乡村事务管理有着更强的责任感，也更愿意表达自己的诉求，这将利于村干部收集群众的需求信息，充分了解群众的意愿，在基层管理中精准施策。

发挥好新乡贤榜样激励的作用。新乡贤在爱护环境卫生、遵守公共生活秩序和整治村容村貌等方面，严格要求自己，规范自身的行为，为大家树立了良好的榜样，激励村民参与到乡村大小事务的管理中，配合治理工作，提升了治理效率，是推动人居环境提升的重要力量。

---

① 亨廷顿. 变化社会中的政治秩序［M］. 王冠华，刘为，译. 上海：上海出版集团，2008.

发挥新乡贤出谋划策的作用。新乡贤在管理村里事务的过程中可提出建议，为村干部提供更多的治理途径和方式选择，优化治理方案，提高治理成效，从而加快农村治理步伐，为乡村振兴提供稳定有序的大环境。

发挥新乡贤道德教化的作用。新乡贤是在乡贤的基础上发展演变出来的一个新群体，他们在环境爱护、遵规守纪和积极进取等方面有着自己的标准和追求。在日常生活中，他们往往能够对身边的人产生影响，在周边的人有犯错误的倾向时拉一拉袖子，激励身边的人开拓进取，战胜困难，改善陈旧的乡村风气，推进乡村文明建设。

（二）群众致富的带头人

新乡贤凭借自己掌握的知识和技术，不断摸索脱贫致富的道路，在乡村基本实现了富起来，退出了贫困户的行列，在自己实现增收致富目标的同时，还带领周边的群众富起来。新乡贤对市场信息比较敏感，通过对行情的判断，敢于引进一些新的产业，通过自己的实践和总结，积累丰富的产业发展经验和技术。最开始周边的一些人往往对发展一些新产业持观望的态度，即使想投入资金，加入发展产业致富行列中去，但因为没有技术，望而却步，迟迟未能行动。新乡贤发展产业致富的成功经验能够鼓励和带动周边的人，形成示范效应，拥有一定技术的新乡贤给予周边的人技术方面的指导，分享发展经验。没有了后顾之忧，部分村民就敢于大胆地投入资金和人力去发展产业，逐渐实现增收，富裕起来。

（三）基层管理的监督者

中共中央、国务院发布的2020年中央一号文件提出要推进村民自治制度化、规范化和程序化，推进开展自治、法治、德治相结合的乡村治理体系建设。[①]乡村治理体系建设少不了民主建设，发挥好新乡贤在基层民主建设过程中的监督作用，完善共建共享的新型乡村治理体系，对营造乡村振兴所需要的和谐民主的政治环境具有重要作用。

在现实生活中，基层民主在我国乡村治理中存在着诸多急需解决的问题。例如，在基层治理过程中，容易出现治理实践缺乏民主监督、村民监督意识比较淡薄、治理主体能力素养不够和民主形式化等。基层作为政治稳定的基础单

---

① 张明旭. 聚焦2020年中央一号文件［J］. 中国建设信息化，2020（8）：50-53.

元，民主建设十分重要，是基层治理中最重要的部分。①在基层治理过程中，涉及表决、选举和利益分配的大小事务，缺少有效的民主监督，往往容易滋生腐败。

基层民主建设要在村一级组织单位落地生根，监督力量的存在十分重要。新乡贤对村级事务进行监督，能够防止基层腐败，降低乡村社会治理成本，更好地发挥好基层民主的制度效力。新乡贤对民众日常生活中的大事和要事进行监督，参与群体性磋商，通过群商群议充分发挥新乡贤建言献策、民主监督的作用，不仅有利于完善基层乡村治理体系，也可以有效地推进基层乡村社会的民主政治建设步伐。

（四）公共政策的支持者

政府颁布的政策，在执行过程中需要获得群众支持才能取得良好的执行效果。公共政策从制定到取得预期效果，需要一定的时间和执行成本。政策从制定到实施的过程中，最重要的是解决好"是什么"的问题。新乡贤由于自身具备一定的文化知识或思想比较开化，容易接受乡（镇）政府制定出台的政策，自身对政策的内容比较清楚，形成对政策内容的认同和支持，之后，新乡贤可以作为政策的宣传者，将政府的政策宣传到更多的群众中去，这将减少政策宣传的时间，降低治理成本，有助于政策执行效率的提高。

（五）群众纠纷的调解者

在基层社会中，群众因为利益分配问题容易产生诸多矛盾和纠纷，极大地影响了农村的稳定和发展，乡贤在协调基层矛盾方面具有很大的优势，作用明显，是维护社会秩序稳定的重要力量。乡贤的前身乡绅是我国传统基层社会中曾处于统治地位的一个阶层，近代随着乡土社会旧秩序的分崩离析，乡村治理面临着治理力量薄弱、农民群体的公共精神缺乏和治理环境复杂等困境，新乡贤成为基层调解员，可以适当弥补当前乡村治理中力量薄弱的问题，是维护乡村秩序、建设和谐美丽乡村不可或缺的力量。

基层充斥着各种各样需要疏导的矛盾，新乡贤自身有丰富的见识和一定的威信，依靠平时在乡里树立起来的威望，走到群众中间去调解矛盾，很多时候

---

① 张文汇. 现阶段我国社会基层矛盾化解机制研究［D］. 北京：中共中央党校（国家行政学院），2019.

比村民委员会的干部和乡（镇）的行政工作人员出面去做思想工作要有效得多。他们中的一些人深谙乡里乡亲之间的渊源，明白矛盾双方矛盾的根源，洞悉矛盾双方的诉求，调解起来"说得上话""有道理"，村民更容易信服。

三、保山市隆阳区瓦渡乡新乡贤作用发挥的基本情况

（一）瓦渡乡乡情概况

自1988年改乡以来，瓦渡乡一直作为与镇同级的行政乡，为保山市隆阳区的下辖乡之一。其位于市区东部，距隆阳区36千米。面积234平方千米，人口24397人，有彝族、白族、苗族等6个少数民族。辖瓦渡、垭口、安和、浪坝、平林子、三坪、荒田、打平、土官、平场子10个行政村。瓦渡乡产业发展主要以种植业和养殖业为主。种植业中，核桃、烤烟和香料烟是主要的经济作物，玉米、大小麦和豆类是主要的粮食作物；养殖业主要以饲养牛羊和养蚕为主。近年来，瓦渡乡的基础设施有所改善，为该乡取得了较好的社会效益。目前，瓦渡乡正处于脱贫攻坚的巩固阶段，乡村振兴的步伐也在大步前进，需要更多的贤能之人参与进来，助力瓦渡乡的乡村振兴事业。

（二）瓦渡乡新乡贤发挥的积极作用

瓦渡乡的新乡贤作为一个新生群体，在脱贫攻坚和推进乡村产业发展的过程中发挥了一定的作用。该乡10个村委会中，目前一部分村委会有新乡贤参与并发挥重要作用的人民调解队伍，各村委会有香料烟技术员和烤烟辅导员，部分村委会通过群众选举投票，选出了一部分致富带头人。此外，该乡游离在外乡的新乡贤群体力量也比较壮大，一部分在企事业单位工作，热爱乡村事业，有志于助力家乡的发展，一批拥有承包工程项目能力的工头对同乡人的就业增收也起到了带头作用。综合来看，瓦渡乡的新乡贤在以下几个方面发挥的作用比较明显。

1. 带头致富

新乡贤这一群体接受新事物比较快，善于把握市场信息，找准致富之路后便投身致富事业，积累起来的致富经验能够为身边的人提供经验，带领一批人走上了致富脱贫之路。该乡下辖的三坪村委会村民赵某是一个养牛大户，近两

年凭借自己的养殖知识和技术实现了脱贫，同时带动周边几户村民养起了菜牛，实现了增收。往年村民养殖的牛多以耕牛为主，在村民赵某的劝说和鼓励下，周边几户村民开始养殖出肉率高的菜牛。平时，村民赵某经常向他们讲解饲养知识，传授养殖经验和技术。另外，瓦渡乡安和村委会的村民杨某是一个建筑包工头，长年在外承包一些工程项目，雇用了一些同村的村民，带动了同乡就业，实现了增收。

2. 教授技术

瓦渡乡的地形多以山地为主，土壤肥力不高，多以种植油菜、小麦、烤烟和栽种林木为主，自2014年大量引进香料烟这一经济作物进行种植，该乡从此多了一种经济作物，农民十分看好它的前景。种植一年下来，效果并不是很理想。问题在于新引进的香料烟之前种过的人不多，不知道如何种植和管理，都缺乏技术和管理经验。最后的解决办法是将乡里种植技术好、产量和效益较高的种植大户选为今后的香料烟种植培训辅导员，对农民进行技术培训，提高种植技术。香料烟辅导员在种植自家香料烟的同时，走到田间地头讲解技术经验，传授种植和管理的方法，提高了瓦渡乡村民香料烟种植的整体水平。香料烟种植培训辅导员经过几轮培训和利用闲暇时间走近村民去传授栽种技术，使瓦渡乡的农民在香料烟种植方面获得了较高的经济效益。

3. 调解纠纷

据调查，该乡10个村委会中，已形成了以政府工作人员、村委会干部和新乡贤为主的人民调解队伍。新乡贤中的调解员多由长期生活在本村、有权威的年长者担任，平时自发或协助乡政府和村干部调解了许多大大小小的矛盾纠纷。他们依靠平时在乡里树立起来的威望，走到群众身边去调解矛盾，化解纠纷，很多时候比政府工作人员和村委会干部出面做思想工作要有效得多。这些人中，有些是党员，有些则担任着村里的小组长，已经逐渐成长起来成为一股维护瓦渡乡基层社会稳定的重要力量。

4. 参与基层治理

瓦渡乡大部分新乡贤比较热爱家乡的生活，对家乡有着深厚的情感，对家乡的发展变化比较关心。正是由于新乡贤对家乡的深厚情感，瓦渡乡一部分新乡贤对基层事务管理具有很强的责任感，愿意充分表达自己的诉求，提出了一些具有现实意义的建议，积极参与政治实践，辅助基层政府开展工作。以小组长和党员代表为主的新乡贤群体平时注意关注和了解群众的需求，通过将村民的意愿与基层政府沟通反映，积极为基层治理建言献策，对提升治理效率和群众满意度起到了重要作用。2020年4月，隆阳区迎接贫困县退出专项评估检查，在验收过程中需要由比较了解村里情况的人担任向导，向验收组介绍脱贫情况。许多了解乡情、知悉扶贫政策和支持政府工作的新乡贤主动站出来担此重任，在此次脱贫退出验收评估工作中发挥了良好作用。另外，在新型冠状病毒感染疫情暴发期间，该乡的小组长、党员和一些年长的人，积极去宣传防疫知识，轮流到设置的卡点去值守。部分大户还出资为村委会设卡蹲点的人买饮用水和口罩等物资，对疫情防范作出了一定的贡献。

5. 支援基础设施建设

完善的基础设施能够方便群众生活，提高群众的生活质量和满意度。瓦渡乡地理条件复杂，在基础设施建设方面需要投入大量的资金和人力，部分拥有一定资金和资源的新乡贤对瓦渡乡的基础设施建设功不可没。杨某是一名包工头，平时除了带动村民就业实现增收外，还参与到政府的一些基础设施修缮中来，工程完工后他大多时候只收取一部分费用，为瓦渡乡的基础设施建设和修缮作出了无私奉献。另外，安和村村委会的马某在瑞丽市承包大型项目工程，近几年实现了增收，在村里道路硬化方面投入了大量资金，为该村的基础设施建设作出了重要贡献。

（三）制约当前瓦渡乡新乡贤作用发挥的因素

目前，乡村治理主要是以乡（镇）党委领导，政府主管，由村干部任职，群众参与协同管理。新乡贤参与治理的环境比较复杂导致新乡贤的作用发挥还不够明显。一方面，与当前新乡贤身份不被群众、村干部和乡政府认可有关。新乡贤主动参与到治理过程中去，容易被视为干涉基层治理事务，往往被排斥在外，没有被基层政府吸纳到参与基层治理和推进乡村振兴的力量群体中来。另一方面，当前乡村治理任务重，千头万绪，尤其是在脱贫攻坚处于决胜时期和乡村振兴处于大力推进时期，许多复杂的利益矛盾相互交织，新乡贤往往缺乏足够的经验和动力参与到基层治理过程中去，难以协助村干部做好乡村稳定发展工作。认真分析当前制约新乡贤作用发挥的因素，具体有以下几个方面。

1. 基层政府对新乡贤认识和重视不足

当前，我国正在稳步推进乡村振兴事业，乡村治理体系也在积极探索完善中。新乡贤作为一股参与基层治理的新兴力量，在现实中仍然面临许多困境。结合实际，笔者认为基层政府对新乡贤的界定、作用方面认识和重视不够是目前制约新乡贤作用发挥的主要因素。基层政府忽视了新乡贤是新时代推进乡村振兴不可或缺的力量。过去，乡贤群体只是作为一股参与村级事务管理的力量，大多时候承担教化群众和管理村中事务的工作。在推进乡村振兴过程中，新乡贤大有可为。无论是在继承和发扬过去乡贤教化群众和管理公共事务的作用方面，还是在新时期带领群众脱贫致富方面，其蕴含的强大助推力是不能被忽视的。但目前新乡贤的身份地位仍未得到制度或基层治理机制的认同，尚未有明确的条文规定给予其合法性身份，这就导致新乡贤在参与基层事务管理并发挥作用时，仍面临着身份不明确的问题。

2. 新乡贤资源挖掘不够

当前，基层治理的实践环境比较复杂。脱贫攻坚决胜时期，各种复杂利益交织、新的挑战和新的问题层出不穷，基层政府疲于应对，很难厘清治理思路和乡村振兴思路，这些是制约新乡贤资源挖掘的客观原因。另外，新乡贤资源挖掘不够还体现在以下两方面：一方面，对新乡贤群体心里没底。这主要表现在谁可以称为新乡贤的衡量标准比较模糊和对新乡贤群体的数量没有进行摸底。新乡贤散布在各行各业，有的甚至分布在外乡，在需要利用新乡贤发挥其作用时，存在一时找不到人和无人可用的困境。另一方面，对现有的新乡贤没有进行归类。新乡贤本身的能力不同和拥有的资源不同，在乡村振兴中发挥的作用也是不同的。总之，基层政府对新乡贤力量挖掘不够是导致新乡贤作用未能充分发挥出来的重要原因。

3. 新乡贤发挥作用的积极性不高

当前，乡村治理任务重，千头万绪，尤其是在脱贫攻坚处于决胜时期和乡村振兴处于大力推进时期，许多复杂的利益矛盾相互交织，新乡贤往往缺乏足够的经验和动力参与到基层治理过程中去，难以协助村干部做好乡村稳定发展工作。

首先，新乡贤的现代公共意识不强。新乡贤发挥作用的积极性不高与自身的现代公共意识不强有关。新乡贤主动参与到治理过程中去，容易被视为干涉基层治理事务，往往容易被排斥，不受群众待见。新乡贤有着更高的道德意识、民主意识和法律意识，但是新乡贤自身作为一股新生力量，他们没能够充分认识到自身可为乡村建设发展作出重要贡献，容易忙于自我发展而忽视自身的带动作用，比较缺乏服务于脱贫攻坚和乡村振兴的现代公共意识，这导致新乡贤在助力乡村发展时积极性和内生动力不足。

其次，基层政府对新乡贤的政治吸纳能力不足。新时期，参与乡村振兴的主要力量不再是以往乡村社会中德高望重的乡绅，而是关心乡村产业发展、推动乡村实现生活富裕目标的新乡贤。基层政府没有重视新乡贤的作用并通过政治吸纳将其融入乡村治理体系中来，如没能把有能力、有知识、有技术的致富带头人和技术带头人培养成具有先进模范带头作用的党员，没能把具有一定威信、群众认可的新乡贤任命为小组长等。

最后，缺乏相应的鼓励政策是导致新乡贤在参与乡村治理、服务乡村振兴事业时积极性不高的另一个重要原因。学界关于是否要给予新乡贤在参与基层治理时的政策和制度方面保障的争论是较为激烈的。当前，新乡贤在参与基层治理过程中缺乏政策和制度的支持，激励不够，没有形成一定的物质激励和精神激励机制，导致新乡贤投入治理工作和服务乡村振兴事业时，往往缺乏外在动力。

4. 群众对新乡贤的认可度不高

由于基层政府工作人员和村委会干部是平时与群众走得比较近的群体，群众对基层政府工作人员和村委会干部往往具有一定的偏向。基层政府工作人员具有权威，群众一般比较认同和依赖他们，对于新乡贤这一群体则不是很认可，甚至还对其存在质疑。当然，群众公共意识不强是导致对新乡贤认可度不高的另一个原因，对于新乡贤参与管理村里公共事务的行为，群众不给予支持，反而误解他们多管闲事。

通过走访调查发现，群众对于新乡贤的身份不是很认同，认为新乡贤只是一个"和事佬"，哪里有矛盾纠纷了，就站出来说说话，平时往往看不到他们为群众办了什么好事；还有的群众认为，他们就是掌握了一些技术知识，不搞种植采收的时候连人影都见不到。同时，存在着个别人靠着自己的威信和掌握的信息资源，投机取巧侵占乡亲利益的现象，甚至有人成为什么都是他说了算、横行乡里的"村霸"，部分新乡贤在参与基层治理的过程中出现了行为失范的问题。渐渐地，群众便对新乡贤这个群体失去了信任，不再认可新乡贤的一些建议和行为，新乡贤角色和作用在很大程度上受到了质疑。

5. 新乡贤力量整合性不强

目前，基层政府工作人员、村委会干部是管理乡村大小事务的主要力量。分派到各村委会的工作人员因自身在乡政府任职，平时有自己的工作任务要完成，未能经常参与和承担其挂钩帮扶的责任。广大的农村存在着许多新乡贤力量，这些力量一般比较分散，想要把这些力量整合起来，谁整合、如何整合是当前发挥新乡贤群体这一治理力量所面临的困境。

村委会干部作为乡村治理的主要力量，在面对千头万绪的基层事务时，往往显得力不从心。当前基层政府在治理过程中，开展各项工作任务时人手不足，办事效率不高，这是瓦渡乡的多个村委会开展各项工作时存在的一个突出问题。除了基层固有的治理力量之外，还有一部分潜在的基层治理参与者和乡村振兴的推进者游离在外，如技术知识丰富的带头人，乡土情怀深厚的外乡人，群众威望高的长者，拥有乡村建设资金资源的返乡创业者等。但是，他们这些力量却没有被很好地整合起来，更好地服务于乡村产业发展和乡村文明建设。在乡村振兴的道路上，基层治理缺少多元和有力的治理力量为支撑，没有形成强大的合力，要实现农民生活水平大幅提高、乡村治理文明富有成效的目标，仍有很长的路要走。

四、强化乡村振兴过程中新乡贤作用的对策分析

（一）注重乡村振兴过程中的新乡贤文化培育

新乡贤文化倡导民主法治理念、开放竞争意识、包容创新氛围、幸福平等精神等现代文明因子，是对传统乡贤文化的批判性继承、创造性转化与创新性发展。新乡贤文化既汲取传统乡贤文化中的价值精华，又践行和融入社会主义核心价值观；既发扬传统乡贤品格，又凝练现代乡贤品格，是社会主义核心价值观与中华优秀传统文化在乡村社会相契合、传统与现代相对接的新型文化。当前，过去的乡贤文化依然具有较为深厚的生存土壤，深刻地影响着广大的农村，而新乡贤文化还没有厚植于乡村社会之中。新乡贤在发挥作用的过程中还面临着一些困境和新挑战，重视和培育新乡贤文化时不我待。

首先，要以过去深厚的乡贤文化为基础，取其精华，推陈出新，打造新乡贤文化。要大力培育新乡贤文化，把新乡贤融入社会治理的力量中来，促使乡村治理能力和治理水平的提升，群策群力，进而推动农村事业发展迈上新台阶。培育新乡贤文化，要不断探索符合当下治理实践环境和乡村振兴战略的文化培育形式，发掘和弘扬新乡贤文化。

其次，要对当前探索所取得的成果进行推广。对目前形成的一些好的做法可以推广开来，提升群众对新乡贤的作用认知，把群众的视野集中到关乎自己切身利益的公共事务管理上来，关心乡村建设和发展。瓦渡乡部分村委会形成的有稳定的新乡贤群体参与到调解员力量中来的这一模式，可以推广到全乡的各个村委会，为化解基层矛盾作出应有贡献，这对实现信访问题不出村、不到乡的基层稳定目标具有重要作用。

最后，畅通新乡贤参与乡村振兴事业的渠道。基层政府要加强与新乡贤群体的沟通交流，拓宽新乡贤参与乡村治理和发展的途径，营造新乡贤参与基层事务管理、服务乡村振兴的良好氛围。

（二）充分挖掘新乡贤资源

当前，基层政府面临的基层治理实践环境虽然比较复杂，但在脱贫攻坚巩固时期和推进乡村振兴起步的关键阶段，要厘清治理思路和推进乡村振兴的思路，充分发掘和吸纳新乡贤这一股力量服务于乡村振兴战略。一方面，做到对新乡贤群体心中有数。要对新乡贤进行清晰的界定，对新乡贤群体的数量进行摸底并登记造册。对于分散在各行各业，甚至分布在外乡的新乡贤，要充分利用行政资源和既有的新乡贤力量，将其纳入新乡贤名单，基本掌握新乡贤数量和分布情况。另一方面，对新乡贤进行归类。新乡贤本身的能力和拥有的资源不同，根据其发挥作用的不同进行分类，对新乡贤进行精确定位，实现其个人优势到乡村治理效能的有效转化。

（三）充分调动新乡贤的积极性

目前，新乡贤参与乡村治理的环境比较复杂，除了基层治理工作本身任务重、头绪多以外，在参与治理的过程中面临与其他治理力量关系难以理顺的问题。在参与治理过程中，新乡贤身份和作用认可度低，容易遭到忽视和质疑，这是客观存在的问题。如何调动新乡贤的积极性，更好地发挥新乡贤的作用呢？

一方面，要理顺与其他治理力量之间的关系。首先，要坚持乡政府的领导，在基层政府的领导和指导下开展工作。其次，要通过群众与新乡贤之间的双向沟通协作，提升公共意识。平时也要通过入户走访、建立微信群和张贴乡贤名单等方式，加强与群众的沟通联系，让群众感受到新乡贤的存在，不排斥新乡贤群体，新乡贤也要积极发挥作用，为乡村建设和发展作贡献。再次，基层组织要增强对新乡贤群体的政治吸纳能力，把有能力、有知识、有技术的致富带头人和技术带头人以及群众威望高的人等，培养成具有先进模范带头作用的党员、辅导员和小组长等参与到乡村治理体系中来，鼓励新乡贤致力推动乡村振兴事业的发展。最后，加强新乡贤与乡党委、村干部之间的联系与沟通，新乡贤遇到权责不明或存在疑虑的问题时，通过协商取得他们的认可和许可之后，积极参与到基层治理实践中去，发挥应有的作用。

另一方面，要给予新乡贤一定的激励。当前学界对于是否要给予新乡贤在参与基层治理时的政策和制度方面的保障争论较为激烈。当前，新乡贤在参与基层治理过程中存在着身份地位尴尬的境地。同时，新乡贤由于缺乏相应的鼓励政策，自身在投入治理工作和服务乡村振兴事业时，往往缺乏动力，积极性不高。就当前新乡贤所面临的实际困境来看，有必要赋予新乡贤一定的身份认可，适当地给予一定的激励措施，如对新乡贤参与基层治理和服务于乡村建设给予一定的生活性补贴，为新乡贤开展技术培训提供场所和媒体支持等，充分调动新乡贤参与基层治理和推进乡村振兴的积极性。

（四）加强对新乡贤的监督和引导

新乡贤参与基层治理，为乡村的发展发挥了积极作用。但是，个别新乡贤靠着自己的威信和掌握的信息资源，存在投机取巧侵占村民利益的现象，甚至有人成为什么都是他说了算的独霸乡里的"村霸"。基层政府在吸纳新乡贤作为参与基层事务管理和推动地方经济发展的力量时，要明确新乡贤在乡村治理过程中的角色定位——参与者，并在具体的实践过程中把握好度，防止新乡贤凌驾于基层组织之上。

（五）搭建新乡贤资源整合平台

要实现乡村振兴的目标，使基层稳定，农民产业兴旺，就要把新乡贤的作用重视起来，探索有效的新乡贤资源整合途径，可以从以下几点着手：一是围绕新乡贤群体建立乡贤理事组织，依托一个相对固定的乡贤理事组织为广泛存在的新乡贤搭建一个整合力量平台。二是利用网络信息媒体手段搭建新乡贤交流和为群众服务的平台，建立新乡贤微信群。依靠已有的新乡贤，平时发现具有新乡贤特征的人员，可以将其拉进微信群，壮大致力于乡村治理和乡村振兴的新乡贤队伍。三是要让新乡贤参与到基层事务管理中来，为新乡贤提供更多的治理实践机会，使其逐渐成长为基层治理和推动乡村振兴事业中不可或缺的力量。四是不定期举行一些洽谈会，把新乡贤反映的问题、提出的意见、给出的建议收集起来，成为每周例会讨论和关注的内容，其中具有前瞻性的话题和建设性的意见可以经研究决定后在今后工作中采纳，最终使新乡贤与乡党委、村干部、群众等治理力量形成群策群治的强大合力。

五、结语

近年来，随着农村经济的不断发展，乡村治理呈现出许多新情况、新问题和新矛盾，党和国家对农业农村农民问题十分重视，许多学者在如何高效治理乡村、解决发展振兴中的问题、整合治理资源和探索治理路径方面做了大量研究，尤其在挖掘新乡贤在参与乡村治理中的角色演变和作用，推进乡村治理体系构建方面取得了丰硕的成果。本文论述总体上是比较系统的，但在理论深度方面还有所欠缺，尤其是当前学界争论较为激烈的是否要给予新乡贤在参与基层治理时的政策和制度方面的保障，笔者还不能较为清晰地给予答案。最后，本文主要从新乡贤内涵的界定、新时代下的角色定位、制约新乡贤作用发挥的因素及如何更好地发挥出新乡贤的作用等方面进行了论述和探讨，借鉴了一些学者在目前研究阶段取得的成果，也融入了自己的意见，希望能够给在乡村治理实践过程中整合新乡贤资源、更好地为乡村振兴事业服务提供一些参考和借鉴。

参考文献

［1］ 中共中央 国务院关于实施乡村振兴战略的意见［EB/OL］.（2018-02-04）［2024-10-11］.http://www.gov.cn/zhengce/2018-02/04/content_5263807.htm.

［2］ 钟涵冕,郑兴明.乡村振兴战略下"新乡贤"参与乡村治理的思考［J］.怀化学院学报,2019,38（9）:38-42.

［3］ 白现军,张长立.乡贤群体参与现代乡村治理的政治逻辑与机制构建［J］.

南京社会科学,2016(11):82-87.

[4] 萧子扬,黄超.新乡贤:后乡土中国农村脱贫与乡村振兴的社会知觉表征[J].农业经济,2018(1):74-76.

[5] 张兆成.论传统乡贤与现代新乡贤的内涵界定与社会功能[J].江苏师范大学学报(哲学社会科学版),2016,42(4):154-160.

[6] 亨廷顿.变化社会中的政治秩序[M].王冠华,刘为,译.上海:上海世纪出版社,2008.

[7] 费孝通.费孝通文集:第四卷[M].北京:群言出版社,1999.

[8] 张明旭.聚焦2020年中共中央一号文件[J].中国建设信息化,2020(18):50-53.

[9] 张文汇.现阶段我国社会基层矛盾化解机制研究[D].北京:中共中央党校(国家行政学院),2019.

[10] 国家统计局农村社会经济调查司.中国县域统计年鉴.[J].中国统计出版社,2019:554.

[11] 林淑周,林丽娟.弘扬新乡贤文化 促进乡村振兴[J].劳动保障世界,2020(5):75-79.

[12] 付翠莲.我国乡村治理模式的变迁、困境与内生权威嵌入的新乡贤治理[J].地方治理研究,2016(1):67-73.

中塘社区经济能人治村的
生成逻辑与优化路径研究

刘政作

自改革开放和建立起社会主义市场经济体制后，社会生产力得到解放，广大的农村地区逐步释放了经济活力，特别是在基层群众自治制度和家庭联产承包责任制实行后，农民的生产积极性得到了充分调动，农村的各项产业也得到了快速的发展，出现了一批先富的群体，他们成为村里的经济能人。同时，经济能人治村符合广大村民迫切想要发展经济的渴望、乡镇领导的期待和经济能人自身的抱负。经济能人突出的经济实力是其获得认可的最关键的因素，它是村民理性的选择，并符合时代的需要。经济能人对农村的治理改变了基层政治权利的构成，为农村的发展注入了全新的活力，助推着农村社会的稳定健康持续发展。本文主要以腾冲市明光镇中塘社区为研究对象，对中塘社区经济能人治村现象生成逻辑、积极影响、局限性和优化路径进行研究，为明光镇的经济能人治村和乡村治理能力的提升提供一定的参考建议，助力其实现乡村治理能力现代化和乡村振兴，为相似地区农村的发展提供一定的参考借鉴，也是对农村治理问题的有益探索。对于实现农村治理的转型、维护农村社会的稳定发展具有一定的意义。

一、相关概念

（一）农村社区治理

当前学者对于农村社区治理的定义还没有统一界定，但当前有关乡村社区治理的阐述大多是围绕着"民主"与"自主"两个关键词展开的。俞可平把农村社区治理定义为：农村社区治理是指具有强大社会影响力的组织或个体参与农村社区管理，提高农村公共服务水平的过程。胡宗山将农村社区治理概括为在限定的村级地区中，在党委和政府相关部门的领导下，整合社会力量及资源，通过自我管理的民主化方式，有效推动乡村公共体系建设进程。本文将乡村社区治理概括为由社区多主体共同参与，协同推动全方位多方面发展、合理配置和利用社区内部的基础设施资源来促进社区的基础设施建设，丰富社区村民精神文化生活的整个过程。所以农村社区治理主要是指社区的社会治理和公共服务提供，包括矛盾纠纷调节、公共服务供给、多元主体参与、社区资源均衡分配等方面。在农村社区治理过程中多元主体发挥各自的主体性功能，通过良性互动和协商，实现社区资源的优化配置、社区问题的解决、社区福利水平的提高等，从而推动农村社区良好治理秩序的形成。

（二）能人治村

能人治村是指农村治理主要依靠一个或几个在村里能力出众的人来管理村庄的一种治理现象。在实行家庭联产承包责任制和改革开放后，村里有一批人凭借胆识和实践经验闯出了名堂，积攒了财富，成为村里的经济强人，他们凭借经济实力参与到农村的治理之中来，形成了经济能人治村的现象。卢福营认为，能人治村是指依靠一个或者几个具有超凡能力的人来实现村级治理的村庄治理模式。在体制改革与社会转型时期，因为农村自主发展和内在利益驱动而主导的乡村政治居于支配地位，形成了能人型治理模式。张扬金从发生逻辑上对能人治村做了界定，认为能人治村就是能人通过组织程序当选"两委"干部，掌握村庄治理的权力，管理村庄各项事务，带领村民发展农村的治理模式。有学者还将能人分为经济能人、政治能人和社会能人三种类型。能人治村，即能人依托乡村自组织带领成员不断适应外部环境并生成新规则和自治理机制。通过灵活适用自组织规则及运用权威资源，能人得以顺利实现治村目标，形成乡村自治理机制的再生与循环。

（三）乡村经济能人

乡村经济能人是乡村里的先富群体，是在农村经济发展中显现超凡能力，并卓有成就的人士。改革开放政策的实施，使经济能人这一群体逐渐走上政治舞台，开始活跃在农村治理的舞台上，有学者也将乡村经济能人称为乡村经济精英或者乡村富人。学术界最早对乡村经济能人有明确定义的是徐勇，他将乡村经济能人定义为农村经济发展中具有超凡能力，并卓有成就的人。他对乡村经济能人的定义是基于农村经济体制改革这一特定的社会背景。体制改革调动了农民的积极性，使农民有了更多的自主权，农村社会迎来了巨大的发展空间，这为农村经济能人的出现奠定了基础。李壮、张晓琼在对山东省肥城市压煤村实地调研的基础上，将乡村经济能人定义为在经济领域具有能力并取得卓越成绩的享有较高威望的人，并将乡村经济能人分为体制内经济能人和体制外经济能人两类。在农村经济体制改革的过程中，随着城镇化进程的不断加快，对经济能人赋予了不同的时代内涵。郑扬、胡洁人将经济能人界定为一种社会力量，并在国家和社会城镇化进程下对经济能人进行了解读，认为农村经济能人是指在村庄内部基于一定的文化认同和利益关系而具备一定政治社会影响力的村民。社会经济的不断发展，改变了农村经济能人在农村治理中的角色和作用，对乡村经济能人的界定不再只注重他们的经济实力，还要看他们在村庄中的威信和影响力。本文中所指的经济能人是指农村中拥有经济实力并对地方经济发展有着一定影响力的人，他们为村集体的经济发展寻找市场机遇，带领村民致富，为农村社区的发展作出了一定的贡献。

二、明光镇中塘社区经济能人治村现象分析

（一）社区简介

中塘社区隶属腾冲市明光镇，地处明光镇南面，距镇政府所在地5公里，距县城60公里。东邻界头镇，南邻明光镇凤凰社区，西邻滇滩镇，北邻明光镇顺龙社区。辖8个自然村30个村民小组。现有农户1325户6140人。面积70.85平方公里，海拔1840米，适合种植水稻、苞谷农作物。全村耕地总面积11493亩，其中水田4032亩、旱地7461亩，人均耕地面积1.87亩，主要种植水稻、苞谷作物；拥有林地14200亩，其中经济林果地11460亩，人均拥有经济林果地1.86亩，主要种植泡核桃、红花油茶、金银花、青花椒、万寿菊等经济作物，以烤烟为主导发展产业。2022年种植青贮玉米1000亩，荷兰豆250亩，万寿菊360亩，烤烟1800亩；社区内还有铅、锡、铜、铁、锌等矿产资源。

（二）社区中的经济能人

中塘社区有许多经济能人，如公司的主要负责人、种植大户和投资人等。社区党总支书记、村委会主任段兴禄，现担任腾冲三峰种植专业合作社、腾冲民康生态农牧发展有限责任公司等公司法定代表人，担任腾冲中塘仙人洞旅游开发有限责任公司、腾冲三峰种植专业合作社、腾冲民康生态农牧发展有限责任公司等公司股东，担任腾冲中塘仙人洞旅游开发有限责任公司、腾冲民康生态农牧发展有限责任公司、腾冲乾华经贸有限公司等公司高管；社区党总支副书记、村委委员杨根平属于社区的专业投资人，现担任腾冲中塘仙人洞旅游开发有限责任公司股东、腾冲中塘烤烟生产专业合作社法人；社区党总支委员、村委会副主任伯菊萍也是投资人，现任腾冲中塘仙人洞旅游开发有限责任公司法人。社区典型的种植大户村委委员张启聪，主动积极调研社区的水土气候条件，到全国各地去寻找适合社区的农作物和中草药，种植了上百亩的中草药发家致富。

（三）社区中经济能人治村的主要表现

社区中经济能人治村的主要表现为带头出资出力推动社区的基础设施建设、打造特色产业，以及调解社区里的日常矛盾纠纷。首先，在社区经济发展和基础设施建设方面，中塘社区党总支书记、村委会主任段兴禄，在担任社区党支部书记以前主要开办矿场，发展砂矿运输业和砂石的售卖，经过数十年的经营已积累上千万元的个人资产。他作为社区最为突出的经济能人，在担任社区党支部书记后，积极带头成立腾冲三峰种植专业合作社，以个人名义入股200万元作为合作社的启动资金，社区村民可以出资入股、出力、学种植技术与经验，为社区种植烤烟、荷兰豆等经济作物提供稳定的销售渠道和保障。随后，他还主动牵头和社区成员一起成立了中塘仙人洞旅游开发有限责任公司，并担任公司的法人，也让村民可以自由入股，还以高于市场价聘请社区的村民在公司工作，拉动了社区的就业和经济发展，村民张大娘说："不用跑多远，在社区就能找到一份稳定的工作，工资比去外面务工高，这一切都非常感谢我们的段书记。"段兴禄还积极申请资金用于社区的道路建设，安装路灯，甚至自掏腰包结合一部分拨款修建了社区明德小学，让社区里的孩子在社区就能完成小学学业，不用跑很远去上学。其次，在打造特色产业方面，村委委员张启聪也是一个社区典型的经济能人，他因为养殖牛羊发家致富后，就一直在社区种植中草药和经济价值高的农作物。他不断根据社区的气候条件和水土条件，主动到全国各地进行市场调研和寻找适合社区种植的农作物，经过反复调研和尝试，他不仅把荷兰豆和中草药附子带回了社区，还带来了种植的经验和技术，无偿地传授给社区村民。他还找好了销售渠道，在他的带领下，社区村民种植荷兰豆和附子的规模也越来越大，在2021年实现社区种植户人均收入5万元，为社区村民带来了可观的收入，带动了社区的经济发展。最后，在调节社区矛盾方面，社区经济能人村委委员杨根平还兼任了社区矛盾的调解员，他合理运用了身为经济能人的威信，在社区秉持着公平公正、大事化小、小事化了的原则，处理了社区上百起大大小小的矛盾纠纷，当遇到他自己也调节不了的矛盾时，段兴禄书记就会站出来调解矛盾，他们做到了矛盾不出村、不到镇，被社区村民亲切地称为"社区金牌调解员"。

三、明光镇中塘社区经济能人治村的生成逻辑

（一）时代变革催生经济能人

改革开放政策的实施，特别是农村地区的经济改革（如家庭联产承包责任制的推行），极大地激发了农民的生产积极性和创造力。农民开始拥有更多的经营自主权，可以根据市场需求和自身条件调整种植结构、发展多种经营，这为乡村经济能人的涌现提供了重要的经济制度保障。在政治层面，基层群众自治制度的实行为乡村经济能人的上台提供了机会，为他们提供了发挥自身才能的舞台。21世纪以来，中国广大农村地区相继出现了一些突出的乡村经济能人，他们有胆识，有想法，有敏锐的头脑和政策直觉，有较强的市场洞察力，抢占了致富的先机，率先在乡村之中发家致富，积累了一定的经济实力，为参与社区和村庄的治理奠定了经济基础。例如，中塘社区的党总支书记兼村委会主任段兴禄，党总支副书记、村委委员杨根平等，他们都是出色的治村精英，也是村里的经济能人，运用自身的各种资源带动了社区的经济发展并取得了突出的成效。这些经济能人既是一些民营企业的管理者，又成为社区的主要政治参与者。2021年，我国取得了脱贫攻坚战的全面胜利，随即开启了乡村振兴战略的实施，乡村经济能人治村的现象也迎合了乡村振兴战略的大背景，能够进一步助力乡村振兴战略的实施。

（二）经济能人的内生动力

首先，作为乡村的经济能人，他们已经拥有了一定的经济基础，就会将目光和追求转移到追求社会价值层面上来。他们身为乡村的精英，会无形之中具有为家乡的发展和建设出谋划策或出一份力的强烈责任感，想把自己的家乡建设成基础设施齐全、生态环境宜居和产业兴旺、具有现代化气息的乡村。其次，对于乡村的经济能人来说，他们不想让村民觉得自己只是在经济方面有优势。他们想要通过带领社区村民致富，赢得村民的认同和尊重。关于政治参与和经济发展水平，亨廷顿说过："政治参与和收入密切相关，与教育的关系则更为密切，他们通过不断积累人脉和信息资源来促进他们的经济发展更进一步，这也是他们成为社区领导班子的最主要的原因"。例如，中塘社区的党总支书记、村委会主任段兴禄和党总支副书记、村委委员杨根平，他们两人在成为社区的主任和委员之前就通过开办矿产、发展养殖业等积累了财富，成为村里的经济能人，他们想通过自己的资源来带动家乡的发展和获得政治认同，提高自身在社区里的声望。

（三）基层政府的推动

2005 年公布的中共中央组织部《关于加强村党支部书记队伍建设的意见》中提出，把党员培养成致富带头人，把致富带头人中先进分子培养成党员，党员带领群众共同发展，党组织带领致富带头人不断进步。农村致富带头人的培养工作被重视起来。2020 年，云南省委组织部下发工作方案，在全省部署开展选优配强村（社区）党组织书记专项行动，紧紧围绕决战决胜脱贫攻坚、巩固脱贫成果、促进乡村振兴要求，进一步深化农村"领头雁"培养工程，着力建设一支思想政治素质好、道德品行好、带富能力强、协调能力强的村（社区）党组织书记队伍。在党委政府的政策支持下，经济能人得以加入社区干部队伍中，发挥自身优势，带动村庄经济发展，实现了从"经济能人"到"致富带头人"的转变。就乡村经济能人与乡镇的关系来说，他们或因多年在外经商建立了广泛的人脉关系网络，或在当地的经济发展中积累了广泛的资源，或在乡镇企业的发展中与乡镇干部建立了良好的关系。乡镇领导也乐意支持他们参与到社区的治理之中来给当地带来更多致富的资源。同时，他们作为村里经济能人在村里拥有一定的威信，对维护社区稳定、协调处理社区里的矛盾纠纷也是很有效的。例如，中塘社区的党总支书记、村委会主任段兴禄，在未当社区党支部书记之前就在当地发展采矿业，建立起了广泛的人脉，与乡镇政府建立了良好的关系。在乡政府的支持和推动下，段兴禄担任了中塘社区的党总支书记和村委员会主任，也担起了社区致富带头人的重任，协助明光镇政府完成了许多经济发展工作。

（四）社区发展的需要

传统的农村社会以填饱肚子为主要追求，农民只要达到温饱水平就很少会出现人口流动，形成了延续数千年的超稳定结构。随着改革开放政策的实行，农村社会开始转型，市场经济理念深入农村，广大农民不再满足于当下，开始寻找致富的密钥。20年前的中塘社区还是一个贫困落后的小乡村，村民思想观念守旧，当看到沿海地区发展迅猛，村民也希望有人能够带领大家共同摆脱贫困落后的局面。中塘社区气候温和，年降水量丰富，有铅、锡、铜、铁、锌等矿产资源，拥有很多发家致富的机遇和资源，却因没有经济能人的带领错失了许多发展机会，所以社区的普通村民需要经济能人带领他们运用社区资源发家致富，普通村民对于富裕生活的渴望构成了经济能人治村的群众基础。段兴禄符合村民对经济能人的要求，他常年在外闯荡，懂得国家的基本法律政策；他开办过砂石矿场，深谙经营管理之道，而且口碑好，经济实力强。社区经济能人段兴禄履职后，依靠自身的资源和社区得天独厚的气候条件与自然资源因地制宜地发展了许多特色产业，成立了产业发展合作社，不断推动整个社区的经济发展。

四、明光镇中塘社区经济能人治村的积极影响

（一）提升了社区的治理能力

改革开放后，农民的个体差异越来越明显，在农村公共决策的形成方面难以达成一致的意见，更不用谈及公共决策的实施，从而导致农村公共事业长期停滞不前。乡村经济能人上台后，带领村民因地制宜地发展特色产业，不断壮大集体经济。在村集体提供物质保障的基础上，经济能人凭借自身积累的公众权威和个人魅力，在社区基础设施建设、产业发展及解决矛盾纠纷的过程中，明显体现出治理的高效率。例如，中塘社区党总支书记、村委会主任段兴禄，因开办矿场具有较强的经济实力。他担任社区党总支书记和村委会主任后，主

动带头建设社区的基础设施，如牵头建盖中塘明德小学和修建社区的水泥硬化道路等；主动带头成立种植专业合作社发展特色产业，运用自身的影响力吸引更多的村民加入其中；主动为社区村民调节矛盾纠纷，秉持公平公正的原则和运用自身的影响力，做到大事化小、小事化了和社区纠纷不到镇。以上做法避免了因村民意见不合而影响社区的整体决策，对村民的日常矛盾纠纷调节的效率也得到了很大提高，从而进一步提升了社区的治理能力和治理效率。

（二）保证了社区队伍的稳定

社区经济能人因为自身具备一定的经济实力，所以受工资和福利待遇的影响较弱，不会因为受到这些因素的影响而出现任期未满就离职的情况。他们能够运用自己的资源和经验来不断发展壮大社区的集体经济，进一步运用这些资金来提高社区工作人员的薪资和待遇，确保员工的基本生活需求得到满足。还可用闲余资金改善社区的工作环境，提供必要的工作设施，以此来保证社区工作人员顺利开展工作，增强社区工作人员的满意度和忠诚度，降低社区工作人员流失率，保持队伍稳定。中塘社区党总支书记、村委会主任段兴禄，党总支副书记、村委委员杨根平，党总支委员、村委会副主任伯菊萍等社区主要工作人员，具有较强的经济实力，不会因为工资、福利待遇和生活条件等方面的问题而影响正常的社区工作。社区还运用闲余的集体资金更新了办公设备，翻新了社区的办公室、现代化远程教育活动室、图书馆和食堂等，实现了办公自动化和办公环境的优化，增强了社区工作人员的满意度和归属感，进一步保证了社区工作队伍的稳定性。

（三）为社区经济的发展提供了有力支持

"三农"问题一直是党中央和各级政府关注的重点，各种有关"三农"的政策确实从一定程度上减轻了农民的负担，促进了农村地区的经济社会发展。但是面对庞大的农村人口基数，要使广大农民的生活实现较大改变，还必须依靠农民群众。乡村经济能人治理村庄，通过利用自身所具备的各种资源和经验，带头创办集体合作社，发展特色产业，提升了村集体的经济实力，为村庄各项公共事业的建设和村民日常生活提供了一定的物质保障。中塘社区在以党总支书记、村委会主任段兴禄为代表的社区领导班子的带领下，充分地利用了他们的人脉资源和资金成立了腾冲三峰种植专业合作社和中塘烤烟合作社，村民可进行多形式入股，社区也以村委会的名义入股，进一步加大合作社的生产投入，最终增加入股村民收入和村集体收入。中塘社区在2023年以集体的名义向腾冲三峰种植专业合作社入股70万元，占股55％，最终合作社实现收入100余万元，带动务工12000余人次，充分地带动了当地村民的就业和实现了村民收入的稳定增长，为社区的经济发展提供了有力的支持。

（四）为村民的发家致富提供了带动示范作用

过去农村经济发展不起来的一个重要原因就是普通村民缺乏市场信息资源和现代化的种植技术，导致大量村民只种植一些传统的农作物，大家的经济水平差距不大，村民的贫富意识还不强烈。社区经济能人的出现，打破了各家各户经济差距不大的平衡，普通村民看到村里的经济能人发家致富后，想要致富的愿望变得强烈。社区经济能人为普通村民的发家致富提供了新路径和新思维，为村民树立起发家致富的榜样，他们通过分享自己的各种资源和致富经验来带领村民一起发家致富。2019年以前，中塘社区没有人种植过荷兰豆，但身为村委委员的张启聪注意到了社区具有种植荷兰豆的气候、水土条件，随后他经过市场调研和到外地实地考察学习种植技术，回到社区后向村民宣传种植荷兰豆的可行性和良好的市场前景。但是刚开始没有村民愿意尝试，张启聪就主动带头种植了100亩荷兰豆，第二年获得了巨大利润，随后村民开始纷纷跟着他一起种植荷兰豆，他也主动地向村民提供幼苗资源、销售途径和种植技术，荷兰豆的种植在中塘社区取得了成功，村民获得了可观的收入。正是因为社区经济能人张启聪带头种植荷兰豆，村民才纷纷加入种植荷兰豆的队伍中来，一起发家致富。

五、中塘社区经济能人治村的局限性

（一）存在小微腐败的风险

社区里的经济能人由于自身具有一定的经济基础，有着自己的公司和产业，又具有广泛的人脉资源，在许多时候，他们往往比普通民众先知道一些政策或者工程项目，他们在考虑发展集体经济的时候很容易优先考虑发展自身的产业或者项目，优先考虑自身的利益。有时甚至会将村里的集体产业或者项目算入自己的产业之中，从中捞取利益，出现公私不分的现象。还有经济能人习惯用钱的思维考虑和解决问题，他们在遇到问题时会优先考虑用钱来解决问题，如果实在用钱摆不平问题了才会考虑用其他的方式来解决问题，这种习惯和思维会影响到社区决策和处理解决问题的正确性和有效性，容易出现用钱办事和拿钱办事的现象，特别是在社区领导班子换届选举时容易出现贿选的情况。经济能人通过参与竞选社区干部，还能够为自己在社区开办公司和其他商业活动等提供便利条件并从中获利。正如中塘社区王大爷所言，"村里的有钱干部也不一定都为我们的利益着想，有时也顾自己的利益。村里许多要用钱的事务，他们有没有拿集体和政府的钱和拿了多少我们也不知道。"

（二）村民易被边缘化

中塘社区经济能人治村一个明显的弊端在于经济能人有自己的主见，会主导社区的事务决策，容易忽视普通村民的意见。他们凭借自己的经济实力和在村里的威信，经常会忽视村民的意见和诉求，在一些需要公共决策的事务上经常出现"一言堂"，普通村民没有发言和参与的机会，会逐渐使村民处于社区权力结构中边缘地带，村民在很大程度上无法实现自己的政治权利和表达政治诉求。在村务决策方面，经济能人型社区干部很少征求普通村民的意见，一般就自己拿定主意。遇到有些项目村民没有掏钱当然也就随他了，也没有人反对。村民也会说"凡是有点能力的人多少都有点独断专行，只要达到目的就行，至于民主不民主可能考虑得也不多"。

（三）社区事务发展存在偏向性

中塘社区经济能人在治村时更加注重经济建设和一些容易短期出成效的事务（如社区环境美化、道路硬化等），尤其在发展特色产业上劲头十足，将工作重心放在了合作社的打造和特色农产品推广上面。而对于基层组织建设、政策宣传活动、精神文明建设等一些成果难以量化或短期内不容易看出成果的事务不够重视，尤其对文化事业发展趋于简单化。笔者通过走访发现，中塘社区举办的文化活动很少，特别是在一些传统节日（如春节）也没有举办过社区文化活动，村民有想要参与社区文化活动的意愿，但是社区没有搭建起文化活动的平台。甚至有村民表示，一年就举办过一次"刀杆节"大型民族文化节，其他时间社区都忙着搞产业发展，美化社区环境、基础设施建设等事务，没有重视社区文化建设方面的事务发展。还有村民谈及，如今的社区经济确实发展起来了，产业也搞起来了，但是感觉村里的文化氛围不够浓烈，文化活动很少，大多数村民只能自己去找一些娱乐活动打发空闲时间。

（四）影响社区后备力量的培养

中塘社区的经济能人在治理社区的过程中，利用自己的经济优势和所作出的贡献，获得村民的尊重和认同。他们时常在村庄公共事务和公共服务项目中牺牲自己的部分经济利益，动用自己的人脉资源处理社区的事务。乡镇政府看到经济能人社区干部具有带头致富的能力、丰富的资源优势和奉献的精神，也更加倾向于让其当选，大部分村民也愿意跟着经济能人发家致富，这就影响了社区的换届选举，普通人难以有机会当选。长此以往，在社区中会出现当选干部的经济门槛，减少了普通村民成为干部的可能性。社区经济能人干部因自身的经济条件好，在社区里也具有一定的威信，在与乡政府的经常性往来中建立起了一定的人脉资源，他们在换届选举时连任的概率很大，影响社区后备力量的培养。

（五）存在"精英俘获"的风险

社区经济能人担任社区的主要干部，他们在许多政策上面拥有优先的知情权和考虑权。乡政府想要落实一些政策项目，势必要经过社区和村一级去落实，而经济能人干部在接触到这些政策项目时就拥有了优先的考虑权，如果该项目政策符合自己的实施情况，他们就能优先地享受到该政策的优惠，之后才向村民介绍该政策项目，村民才有参与和享受政策优惠的可能性。还有许多关于经济的条款项目是具有一定的经济门槛的，需要具备一定的经济实力和达到政策项目要求的具体条件才能享受政策优惠，普通村民很难达到政策项目的要求，所以普通村民很难享受这些经济项目政策。而经济能人具有较强的经济实力，他们很容易就达到了这些经济项目政策的要求和条件，这些优惠项目政策也就被他们所享受，他们才是这些项目的主要受益人，普通村民则只能望而却步。例如，社区的创业贷款项目，普通村民最多只能贷10万～20万元，因为根据银行对他们的工作和资产评估这已然是上限了，但经济能人却不同，如社区的杨根平，他在去年就创业贷款项目贷款50万元，这还不是他所能贷款的上限，因此他能享受到更多创业贷款的低息优惠，普通村民享受得很少。

六、明光镇中塘社区经济能人治村的优化路径

（一）加强对小微权力的监督，构建良好的治村生态

针对中塘社区经济能人治村出现的小微腐败现象，强化对小微权力运行全过程的监督是确保社区治理公正、透明和有效的关键。首先要建立健全小微权力清单制度，明确列出小微权力运行的范围和界限，包括决策权、执行权、监督权等，这样可以确保村民和社区的监督机构都清楚哪些权力在运行，从而有针对性地进行监督。其次要加强村民对社区领导班子的监督，通过村民大会、村民代表会议等制度，让村民更多地参与到小微权力的运行和监督中来，使这种监督能够做到常态化，社区村民可以经常到村委会了解社区领导班子的工作情况，进行工作监督，如果发现公私不分和腐败的现象，可到乡政府进行举报。最后要建立长期有效的小微权力监督机制，强化村监委的监督权力，使其能够加强对社区主要干部和日常工作的监督（如决策过程、执行结果、监督情况等，都应及时向村民公开），定期向乡政府和村民汇报监督工作。乡政府也可随时到社区进行定期和不定期的监督检查，对社区进行全方位、多角度的监督，以此促进社区工作的透明性和公开性，有助于增强村民对村庄治理的信任和参与意愿。

（二）提高村民的参政意识，践行全过程人民民主

针对中塘社区出现的村民易被边缘化现象，应努力提高村民的参政意识并践行全过程人民民主，这是实现社区治理现代化和民主化的重要途径。首先，要提高村民的参政意识，可通过举办社区讲座、干部入户宣传和宣传栏等形式向村民普及和宣传基层自治与全过程人民民主的相关知识，不断提高村民的主人翁意识和参与社区重大决策的觉悟，让村民能够主动地参与到社区事务之中，进行民主选举、民主决策、民主监督，实现大家的事大家一起商量决定，实现自我管理、自我服务、自我监督。其次，要完善村民参与机制，建立健全村民大会、村民代表会议等制度，确保村民能够参与到社区治理的决策过程中。同时，完善村民意见征集和反馈机制，让村民的意见和建议能够及时被采纳和回应。最后，社区要严格落实"四议两公开"工作制度，不能让这一制度只停留在书面上，要认真贯彻落实这一工作制度的每一个环节。要充分发挥每

一个主体的作用，特别要发挥党员的先锋模范作用，遵循少数服从多数的民主原则，做到信息公开透明，及时公开社区的政策文件、决策过程、执行结果等，让村民了解社区治理的全过程和结果，每个环节和流程都做到民主、公开、透明，同时杜绝没有进行具体落实工作而在后期"造材料"的行为。用民主来约束权力，这有助于提高村民的知情权和监督权，增强村民的政治参与意愿和对社区工作的信任度。

（三）发挥乡镇党委政府的指导与约束作用，确保社区发展的均衡性

针对中塘社区出现社区事务发展存在偏向性的问题，为了确保社区发展的均衡性，乡镇党委政府可以充分发挥指导和约束作用，合理规划和监督社区的事务发展，减少出现发展失衡的现象。首先，明光镇政府应制定全面的社区发展规划，明确发展目标、重点任务和保障措施。通过政策指导，引导经济能人在社区的治理中注重均衡性，合理科学地规划社区的发展，在重点发展小耳朵猪和荷兰豆等特色产业的同时，在一些传统的节日开展各种文化活动，如在春节可以举办社区文艺会演、社区篮球比赛等活动，让社区民众能够参与其中，进一步地增进社区民众的团结性和感情。其次，可以在社区各个自然村的公示栏和宣传栏上公布最新的政策文件，方便村民了解最新的政策，还可以在早上或者傍晚播放一些政策解读广播和新闻联播，进一步帮助村民了解实事和惠民政策。最后，要充分发挥明光镇党委政府对社区的约束作用，一旦发现社区的发展出现偏向，如社区的事务发展偏向了产业经济方面，而在文化环境等方面毫无作为，明光镇党委政府就应该及时进行指导和约束，及时发现问题和解决问题，让社区均衡全面发展，减少社区事务出现偏向的现象。这有助于推动社区经济、社会、文化等各方面全面发展，提升村民的生活质量和幸福感。

（四）扩充新式能人队伍团队，及时补充新鲜血液

针对中塘社区后备干部储备不足的问题，社区扩充新式能人队伍并及时补充新鲜血液对社区的持续发展至关重要。首先，要丰富社区干部的选举途径，可从多渠道考虑干部候选人，重视社区后备干部的培养和选拔。从社区大学毕业生、务工人员、退伍军人等多群体中发掘社区的后备干部，增强社区发展的后劲。还可以邀请退休的公务员、企业的老干部、威望较高的村民加入社区的管理队伍之中，成立社区治理顾问委员会，为社区建设发挥余热。其次，要坚持从工作实际需要出发，对社区干部的考查方式多样化，坚决反对用人情世故

和关系来选人，做到真真实实地为社区的持续发展选才。最后，要注重对年轻人的培养和发展，年轻人是社区治理和发展的新鲜血液，社区应为他们多提供一些学习交流和实践的机会，给年轻人足够的学习和发展空间。也可建立激励机制，制定合理的薪酬和奖励制度，激励新加入的能人为村庄发展贡献力量。同时，提供晋升机会和职业发展规划，不再以经济实力来衡量他们是否有进入社区领导班子的机会，让他们看到在社区治理中的长期美好发展前景，能够及时为社区补充新鲜血液。

（五）充分利用经济能人的资源，推动社区经济高质量发展

社区经济型能人拥有丰富的资源（如具有广泛的人脉、丰富的市场经验、资金渠道等），这些资源可以为社区经济发展提供有力支持，对于推动社区经济高质量发展起着关键作用。首先，可以通过整合自身资源，与社区内的其他企业和个人进行合作，实现资源共享。这不仅可以提高资源利用效率，还可以促进社区内的企业和村民合作、协同发展。以段兴禄为主的经济能人可以为社区村民搭建合作平台，促进社区内外的企业和个人之间的合作与交流。例如，可以组织商农洽谈会、产业对接会等活动，为社区内的企业和村民提供更多合作机会，拓宽市场空间和渠道。其次，可以利用自身的资金渠道，引导资金流向社区内具有发展潜力的项目、合作社和企业。通过投资、融资等方式，为社区内的企业、合作社和个人提供资金支持，推动社区经济的快速增长。最后，可以充分发挥自身的人脉资源，主动向社区外的企业和政府争取投资项目，在社区内发展特色产业和农家乐，根据社区的优美自然风光和特色产业开发出游客与特色农产品互动的旅游项目，拉动村民增收和就业，进一步推动社区经济高质量发展。

七、结语

乡村治理是国家治理体系的重要组成部分，着力提升农村基层治理能力和水平，事关乡村社会和谐稳定及乡村振兴战略大局。农村作为政策贯彻落实的最重要一层，其治理情况直接影响各种政策的落实和发展指标的完成，不断优化农村的治理模式，对化解农村社会冲突，加强我国基层治理能力现代化建设，起到举足轻重的作用。广大农村地区在不断地发展变化，出现了各种各样的治理形式，经济能人治村的形式作为改革开放后新的治理形式，在沿海经济

发达地区取得了一定的成功，被国内其他地方所借鉴，但这一形式自身存在诸多问题亟待解决。

笔者结合自己在明光镇中塘社区的实习经历，基于中塘社区经济能人治村的现象，主要采用实际访谈和文献研究的方法来具体分析社区经济能人治村的生成逻辑、产生的积极影响、局限性和优化路径。本文虽然对这一现象进行了研究分析，但仍存在许多不足之处。首先，笔者只在中塘社区实习了50天，对社区很多情况的了解只是通过社区工作人员的口述，具体事件的准确性有待精确。其次，对社区的数据资料文件收集存在一定难度，有些文件以实习生的身份了解不到，所以数据多来源于实际的入户访谈。最后，对中塘社区经济能人治村的生成逻辑和优化路径没有进行更深层次的专业分析，仅运用笔者现有的知识储备来总结分析。未来将更多地关注农村社区经济能人治村的现象，不断加强对相关理论的学习，多关注学术界的有关研究，吸取更多有益的理论经验之后进行更深层次的研究，以期找出相对的优化路径，为不断提升农村社区的治理效能尽一份力，为相似的农村地区治理提供借鉴，为乡村振兴战略的早日实现贡献自己的力量。

参考文献

[1] 俞可平.走向善治：国家治理现代化的中国方案[M].北京：中国文史出版社,2016.

[2] 胡宗山.农村社区建设：内涵、任务与方法[J].中国民政,2008(3):17-18.

[3] 卢福营.论经济能人主导的村庄经营性管理[J].天津社会科学,2013(3):78-84.

[4] 张扬金.村治实现方式视域下的能人治村类型与现实选择[J].学海,2017(4):36-41.

[5] 陈寒非.能人治村及其法律规制：以东中西部地区9位乡村能人为样本的分析[J].河北法学,2018,36(9):23-36.

[6] 徐勇.由能人到法治：中国农村基层治理模式转换：以若干个案为例兼析能人政治现象[J].华中师范大学学报（哲学社会科学版）,1996(4):2.

[7] 李壮,张晓琼.农村经济能人的政治参与问题探究：基于山东省肥城市压煤村的个案分析[J].齐鲁师范学院学报,2015,30(3):54-62.

[8] 郑扬,胡洁人.双向嵌入：农村经济能人与基层政府行为：政治社会学视角

下的城镇化问题研究[J].上海行政学院学报,2018,19(6):89-100.

[9] 胡杨.精英与资本[M].北京:中国社会科学出版社,2009.

[10] 卢福营.乡村精英治理的传承与创新[J].浙江社会科学,2009(2):34-36.

[11] 邵一琼.规范乡村治理中"能人治村"的对策思考:以宁波市为例[J].江南论坛,2020(3):30-32.

[12] 崔盼盼.乡村振兴背景下中西部地区的能人治村[J].华南农业大学学报(社会科学版),2021,20(1):131-140.

村级党组织在乡村振兴中的领导作用探析

——以临沧市凤庆县董扁村为例

蔡亚琳

2020年全面建成小康社会取得伟大历史性成就，"十三五"规划目标任务顺利完成，"十四五"规划中坚持农业农村优先发展，全面推进乡村振兴，把乡村建设摆在社会主义现代化建设的重要位置。中国在这个日新月异、发展迅速的新时代，农村发展存在巨大的潜力和前景，并且正处于一个难得的发展机遇期。农业农民问题是关系经济民生的根本性问题，在乡村振兴这个大任务面前，村级党组织按照乡村振兴的要求，不断增强服务能力，发挥实际作用，推动乡村振兴战略的实施。村级党组织的好坏是村民最直接的感受，通过对农村的深入了解不难发现，经济发展迅速、社会繁荣稳定、群众团结和谐的村，其村级党组织皆是班子团结和谐，班子成员创造性和工作能力较强，群众威望较高。

所以本文选题的目的在于通过分析村级党组织带领村民建设农村的一些具体措施，对村级党组织领导作用进行探索，对村级党组织在乡村振兴中的领导作用提出一些对策及建议。

一、相关概念和理论基础

（一）村级党组织概念

村级党组织是党的基层组织建设的最小单位，是党在农村的各种组织和各项工作的领导核心，是团结带领广大人民群众建设中国特色社会主义新农村的战斗堡垒。2019年1月，中共中央印发《中国共产党农村基层组织工作条例》，指出党的农村基层组织是党在农村全部工作和战斗力的基础，全面领导乡镇、村的各种组织和各项工作。村党组织的主要职责是宣传和贯彻执行党的路线方针政策和党中央、上级党组织及本村党员大会（党员代表大会）的决议；讨论和决定本村经济建设、政治建设、文化建设、社会建设、生态文明建设和党的建设以及乡村振兴中的重要问题并及时向乡镇党委报告；领导和推进村级民主选举、民主决策、民主管理、民主监督，推进农村基层协商，支持和保障村民依法开展自治活动；加强村党组织自身建设，严格组织生活，对党员进行教育、管理、监督和服务；组织群众、宣传群众、凝聚群众、服务群众，经常了解群众的批评和意见，维护群众正当权利和利益，加强对群众的教育引导，做好群众思想政治工作；领导本村的社会治理，做好本村的社会主义精神文明建设、法治宣传教育、社会治安综合治理、生态环保、美丽村庄建设、民生保障、脱贫致富、民族宗教等工作。

（二）乡村振兴战略

乡村振兴战略是党的十九大作出的重大决策部署，是决胜全面建成小康社会、全面建设社会主义现代化国家的重大历史任务，是新时代"三农"工作的总抓手。2018年，中共中央 国务院印发《乡村振兴战略规划（2018—2022年)》，按照产业兴旺、生态宜居、乡风文明、治理有效、生活富裕的总要求，对实施乡村振兴战略作出阶段性谋划。其中产业兴旺是重点，生态宜居是关键，乡风文明是保障，治理有效是基础，生活富裕是根本。实施乡村振兴战略"三步走"，到2020年，乡村振兴的制度框架和政策体系基本形成，各地区各部门乡村振兴的思路举措得以确立，全面建成小康社会的目标如期实现。到2035年，乡村振兴取得决定性进展，农业农村现代化基本实现。到2050年，乡村全面振兴，农业强、农村美、农民富全面实现。2020年12月16日，中共中央 国务院《关于实现巩固拓展脱贫攻坚成果同乡村振兴有效衔接的意见》[①]中提出打赢脱贫攻坚战、全面建成小康社会后，要进一步巩固拓展脱贫攻坚成果，接续推动脱贫地区发展和乡村全面振兴，并且明确了基本思路和目标任务，确立主要原则，加强脱贫攻坚与乡村振兴政策有效衔接。2022年2月22

---

① 中共中央国务院关于实现巩固拓展脱贫攻坚成果同乡村振兴有效衔接的意见[M].北京：人民出版社，2021.

日发布的《中共中央 国务院关于做好2022年全面推进乡村振兴重点工作的意见》①指出坚持稳中求进工作总基调，牢牢守住保障国家粮食安全和不发生规模性返贫两条底线。扎实有序做好乡村发展、乡村建设、乡村治理重点工作。持续推进农村一二三产业融合发展，促进农民就地就近就业；加强普惠性、基础性、兜底性民生建设，健全实施机制；还要加强农村基层组织建设，创新农村精神文明建设有效平台载体，健全党组织领导的自治、法治、德治相结合的乡村治理体系，切实维护农村社会平安稳定。

二、村级党组织在乡村振兴建设中领导作用的内涵

（一）领导核心和战斗堡垒

村级党组织是党在农村全部的工作和战斗力的基础，全面领导本村的各项工作和发展方向。村级党组织主要的领导作用在于把党的方针和政策转化为具体行动，带领群众进行各方面的建设。习近平总书记指出："乡村振兴不是坐享其成，等不来、也送不来，要靠广大农民奋斗。村党支部要成为帮助农民致富、维护农村稳定、推进乡村振兴的坚强战斗堡垒。"②村级党组织在乡村振兴中的战斗堡垒作用集中体现在，积极主动地组织、宣传、凝聚和服务群众，带领群众努力完成乡村振兴阶段性任务；同时，能够灵活应对农村各种复杂问题和突发事件，确保乡村振兴沿着正确的方向前进。中国共产党是农村工作的领导核心，是乡村振兴的中心力量，在乡村振兴中发挥领导和统筹协调的作用，对推进农村各项事业都具有非常重要的意义，加强农村基层党组织的领导核心和战斗堡垒作用是新时期发展农村的理论结合实践的要求。

（二）引领发展经济

习近平总书记指出，"我国实行的是公有制为主体、多种所有制经济共同发展的基本经济制度。要毫不动摇地巩固和发展公有制经济，毫不动摇地鼓

---

① 中共中央国务院关于做好2022年全面推进乡村振兴重点工作的意见［M］.北京：人民出版社，2022.

② 彭雨昕.回访夷陵区太平溪镇许家冲村：总书记关心我们的日子过得好不好［N］.湖北日报，2022-04-26（2）.

励、支持、引导非公有制经济发展。"①集体经济是农村公有制经济的主要表现，个体经济和私营经济是农村非公有制经济的主要表现。2019年中央一号文件指出，要把发展壮大村级集体经济作为发挥农村基层党组织领导作用的重要举措，加大政策扶持和统筹推进力度，因地制宜发展壮大村级集体经济，增强村级组织自我保障和服务农民的能力。通过发展集体经济，广大农民群众可以一起享受集体经济所带来的红利。农村党组织不仅要发挥在集体经济中的领导和组织作用，做大做强集体经济，增强村级党组织建设的主要经济基础，也要发挥在个体经济和私营经济中的参与和引导作用，将致富带头人培养成入党积极分子和将党员培养成带领村民致富的带头人，在有条件的私营企业中建立党小组甚至党支部，将私营企业发展成为模范企业，将个体经营人发展成为党员，逐步加强党组织对非公有制经济的领导。

（三）推动民主建设

发展农村基层民主，是社会主义民主政治建设的基础和关键部分。习近平总书记多次强调，"保证和支持人民当家作主不是一句口号、不是一句空话，必须落实到国家政治生活和社会生活之中"。②坚持"党管农村"，建立健全以党为领导的民主自治制度体系，为基层民主提供有力的保障。凡是涉及村民共同利益的重要事务，须提交村党支部委员会、村委会讨论，形成以支部为引领、党员模范带头、群众积极参与、公开透明的基层民主氛围，凝聚起推动乡村振兴的强大合力。村级党组织引导农民发挥主体作用，形成良好的自治模式，鼓励农民群众真正参与其中，通过农民群众的参与，可以激发农户活力、内生资源和力量，让农民真正实现自我监督和自我管理。

（四）联系群众的桥梁和纽带

中国共产党的工作方法是坚持从群众中来到群众中去，农村基层党组织既能参与到农民群众的日常生活中，反映农民群众的普遍愿望，又可以照顾部分农民群众的特殊要求。在农村地区，农民的生活状况及其生活需要不同，村党组织自身具有独特的优势，能够深入农村，能够与群众面对面，倾听他们的真

---

① 2019年中共中央关于坚持和完善中国特色社会主义制度、推进国家治理体系和治理能力现代化若干重大问题的决定 辅导读本［M］. 北京：人民出版社，2019.

② 习近平. 论坚持人民当家作主［M］. 北京：中央文献出版社，2021.

实想法。村党组织与农民群众的交流较为频繁，联系较为紧密，最了解路线方针政策落实过程中的实际情况和梗阻部位及其原因。《中国共产党农村基层组织工作条例》①中要求，党的农村基层组织应当保障和改善民生，努力解决入园入托、上学、就业、看病、养老、居住、出行、饮水等群众最关心、最直接、最现实的利益问题，加强对贫困人口、留守儿童和妇女、老年人、残疾人、五保户等人群的关爱服务。

（五）维护社会稳定

构建和谐社会的关键在于能否及时发现各种矛盾，并且正确、妥善地化解矛盾。农村党组织要始终坚持以人为本的发展原则，采取切实有效的解决措施，妥善解决好农村的各类矛盾纠纷，积极推动社会和谐发展。2022年中央一号文件，突出实效改进乡村治理中对切实维护农村社会平安稳定有了更进一步的要求。其中，推进更高水平的平安法治乡村建设，常态化开展扫黑除恶斗争、持续打击"村霸"，严格落实联防联控和群防群控措施，是新时代对村级党组织维护社会稳定的新要求。

（六）精神文明建设的教育引导

乡风文明是乡村振兴的保障，社会发展进步的经验表明，精神文明必须与物质文明同步前进，否则会制约社会发展甚至造成严重的社会问题。《中国共产党农村基层组织工作条例》②指出，"党的农村基层组织应当组织群众学习习近平新时代中国特色社会主义思想，培育和践行社会主义核心价值观，开展中国特色社会主义和实现中华民族伟大复兴的中国梦宣传教育，爱国主义、集体主义和社会主义教育，党的路线方针政策教育，思想道德和民主法治教育"。我国历经长达两千余年的封建社会阶段，这在世界民族发展中是独一无二的。漫长的封建社会阶段不仅给农民留传了许多优秀传统文化，也遗留下了沉重的思想包袱。这些需要通过长期宣传教育来改变，更需要生产方式和生活方式的变革来实现。中国共产党代表着中国先进文化的前进方向，是宣传教育和社会变革的主要推动者。

---

① 中国共产党中央委员会. 中国共产党农村基层组织工作条例[M]. 北京：人民出版社，2019.

② 同上。

三、董扁村党组织引领乡村振兴的现状

（一）董扁村经济及民生基本情况

1. 董扁村基本情况

董扁村村民委员会成立于2000年10月，地处县城东北部，凤小公路从村旁通过，距离县城4.5公里，隶属凤庆县凤山镇。东与红塘村红木村组、张家窝组、青树村新村山组相连，南同青树村大河边组、朱家窝组接壤，西和安石村的小安东组、小村山组相连，北与水箐村的水箐坝组、红塘村的茅草坝组、桃树坡组毗邻。全村总面积6.25平方公里，平均海拔1670米，年平均气温16℃，全村农户倚山而居，且居住分散，全村自然形成左右两个大片区，辖区内有2个自然村，11个村民小组，432户农户，1921人。

2. 董扁村党员队伍情况

董扁村总支部委员会共有党员76名，下设团山支部委员会和三岔河支部委员会，由于个别村小组党员数量太少，仅成立7个党小组，存在党小组未100％覆盖村民小组的情况。总支部委员会设支部委员5名，其中总支部书记1名，副书记1名，女支部委员3名，下设支部委员3名。有预备党员1名；女党员14名，占党员总数的18.4％；少数民族党员20名，占党员总数的26.3％。从性别分布来看，女党员数量偏少。从年龄结构来看，25岁以下党员1名，26—29岁党员2名，30—39岁党员14名，40—49岁党员20名，50—59岁党员19名，60岁及以上老党员20名。从年龄结构来看，党员年龄总体偏大，50岁及以上的党员占50％。从文化结构来看，本科文化2名，大专文化2名，中专文化9名，高中文化5名，初中文化43名，小学文化15名。从学历结构来看，初中及以下学历有58人，占比76.3％，学历结构不合理。

3. 经济情况

村民经济情况：村民的主要谋生方式有外出务工和在家务农两种。从了解的情况看，本村青壮年劳动力选择外出务工比例高达90％，青壮年外出务工获得的工资转移回农村家里的转移性收入占各种收入来源的三分之二，以茶

叶、核桃为主的财产性收入为三分之一。在家务农的村民，平均每天收入90元。村民日常支出主要以食品烟酒、人情往来、医疗和教育为主。

4. 民生情况

董扁村从2008年至今已修建文体场所4个，其中有健身器材的场所2个，合计面积1290平方米；规范化村级便民服务中心1个，面积56平方米；农家书屋1个，面积56平方米，图书2450册；卫生室1间，面积120平方米，床位4张，治疗室1间，诊断室1间，卫生室办公室1间，中医诊断室1间，配备医护人员2名，提供上门为老年人量血压、孕妇定期心理访谈和常见病防治等医疗服务。全村共有1所完小，在职教师13人，在校学生158人。

（二）董扁村党组织推进乡村振兴的领导作用体现

董扁村党组织人才充分发挥领导作用和带头作用，在以下几个方面为乡村振兴作出了贡献。

1. 完善基础设施，发展生态宜居

要致富、先修路。笔者通过走访了解到，董扁村在村党组织的带领下，2007—2016年，分别在团山、得老泵、三岔河、李家山、董扁新农村安置点等进行道路硬化建设。在道路建设的全过程中，党员起到了积极模范作用，入户宣传道路建设的重要性，带头出资、投工。团山组首先在2007年通过村民集资2万元，村委会提供水泥、砂石，党员和村民自己提供修建机械，以投工的方式对进村主干道进行了短距离的硬化建设；2010—2013年，主要通过"一事一议"专项资金和新农村建设补贴，先后对董扁一组、董扁二组、赵家窝组、岔路组、三岔河一组、三岔河二组、得老泵等10个小组的主干道进行硬化，并且在这个过程中，村民通过近路户多出资、远路户少出资的方式，党员和村民投工，自主提供修建用具等方式，解决专项资金和补贴不够的问题。2012年，通过村委会提供水泥、村民自己提供砂石、党员负责施工监督的方式，对狭小道路进行修建，每家每户都实现了硬化路到家门口。进行道路硬化，一方面方便了村民的出行，完善了基础设施；另一方面，改善了村容村貌。2016年的"美丽乡村建设"项目，政府财政拨款186万元，除了对董扁新农村安置点进行道路硬化之外，还解决了村里的公共照明问题，在村里的主干道投资使用48盏太阳能路灯。

为解决人畜饮水问题，村里进行了"饮水工程"建设。2009年，水务局补贴了30万元，团山组、三岔河组村民集资3.6万元，党员轮流参与和监督饮水工程建设；2012年，董扁一组、董扁二组、赵家窝组，在上级部门的资金支持下，村党组织成员入户动员村民集资，党员出资，最后农户自主集资5万元，进行了"饮水工程"建设；2016年，得老泵组农户集资1.5万元，村党组织干部向上级反映并与青树村协商，通过挂靠青树村的"饮水工程"，解决了人畜饮水问题。到目前为止，建成人畜饮水工程5个，架饮水主管道14.9公里，共投入资金110万元。在本辖区内，水电设施完善，有线电视全覆盖，电话、移动通信全覆盖。

加强环境治理，建设良好村容村貌。笔者通过走访调查发现，从2018年至今，凤庆母亲河——迎春河，在董扁村流段，村党组织组织村民不定期地进行河道清理，畜禽养殖的企业都有污水排污口，都设置了污水处理设施；为处理生活污水，修建了氧化塘；为处理生活垃圾，在村庄主干道设置了垃圾桶，由镇上统一安排垃圾车来对垃圾进行回收；在村庄内部设置垃圾坑，由村党组织安排党员用拖拉机对垃圾定期进行清理，并将垃圾运到垃圾中转站进行处理，禁止农户乱扔垃圾或私自焚烧垃圾。村党组织通过政策宣传、党员每家每户入户宣传等方式，带领董扁村全体农户完成旱厕改水厕率达94%。

2. 设立村规民约，建设乡风文明

习近平总书记指出，实施乡村振兴战略不能光看农民口袋里票子有多少，更要看农民精神风貌怎么样。以社会主义核心价值观为引领，培育、涵养文明的乡风、良好的家风、淳朴的民风，坚持物质文明和精神文明的协调统一，改善农民精神面貌，营造农村新环境。

董扁村村委会根据《中华人民共和国宪法》《中华人民共和国村民委员会组织法》及有关法律法规，为规范全体村民的行为，提高村民自我管理、自我服务、自我约束的能力，促进全村物质文明、精神文明协调发展，保护生态环境，在村党组织的带领下通过"四议两公开"，制定了村规民约。笔者了解，董扁村村规民约共有10章35条，分别从土地管理使用、环境卫生、村风民俗、水利和公共设施、护林防火、综治维稳和交通安全、食品安全、7个专项行动、计划生育、管理办法等11个方面约束村民行为。其中第三章"村风民俗"第十一条要求，茶园内自觉使用高效、低毒的生物农药，严禁使用残留农药，村党组织成员要起模范带头作用；在茶园采用生物农药不仅保护生态环境，而且还保证了茶叶的品质。第十四条要求，提倡社会主义精神文明，移风易俗，婚事丧事简办，严格执行殡葬改革制度，反对封建迷信及其他不文明行为，树立良好的民风、村风。第十五条要求，村民之间、邻里之间要相互尊重、相互理解、相互帮助、和睦相处，建立良好的邻里关系，党员要积极主动参与协调村民间的矛盾。村规民约中对于违反村规民约也有明确的要求，情节轻微的将予以批评教育，张榜公布；对造成经济损失的违约行为，做出责令恢复原状或作价赔偿，视情况给予经济处罚；情节恶劣的取消享受或暂缓享受村里及上级的优惠政策待遇，并且村委会将不出示任何证明办理事宜。

3. 提倡乡村善治，实现治理有效

乡村治理是国家治理的基石。实施乡村振兴，实现治理有效的前提是处理好群众获得感和适应发展阶段的关系。笔者通过走访发现，董扁村党组织很重视农户在村级事务上的参与度，任何一个决议都坚持"四议两公开"原则，任何事宜都会让各组小组长及时发布在微信群里，让村民清楚地知道村里的事务，村委会不定期地向村民询问意见和建议。在换届选举时，坚持一人一票制，对于岁数太大、不识字等填写选票存在困难的村民，会派出工作人员负责向其解释，询问其意见，最后代其填写，保证选票的真实性和有效性。

习近平总书记指出，"加强和创新农村社会管理，要以保障和改善农村民生为优先方向，树立系统治理、依法治理、综合治理、源头治理理念，确保广大农民安居乐业、农村社会安定有序"。[①]笔者通过走访观察了解到，董扁村通过定期与派出所联系，并且了解最新的社会事件，及时向农户宣传法律知识。由于地理位置距离县城较近，学生上下学必须由家长接送，骑行电动车、摩托车的村民较多，村委会通过学校向学生普及交通安全知识，党组织成员入户向家长宣传相关的交通安全；村委会在公共场所宣传栏粘贴反诈海报，村小组长会议及时宣传反诈信息，在微信群发送一些反诈的视频。此外，还通过网格长入户向不使用智能手机、不识字的农户和一些空巢老人耐心讲解和宣传贴近生活的法律常识及一些诈骗信息，对不太会使用智能手机的村民，手把手地教他们下载并使用国家反诈应用软件。

董扁村通过实施乡风文明培育行动，在推行移风易俗的实践中取得了初步

---

① 中央农村工作会议在北京举行　习近平李克强作重要讲话[N]. 人民日报，2013-12-25(01).

的成效。其中，董扁村党组织通过积极响应上级的政策领导，在殡葬改革上取得一定的成效。从殡葬改革开始至今，董扁村存在活人墓39座，已拆除30座，在活人墓的拆除工作中，党员起到了很好的模范带头作用，家里有党员的已全部拆除活人墓。董扁村党组织在殡葬改革中不采取"一刀切"的改革方法，由于董扁村所有辖区并不属于"三沿六区"，所以对于已有的坟墓采取植树遮蔽，对大墓、豪华墓硬化面积进行缩小，拆除坟墓的主体装饰及周边装饰物，在墓的旁边倒土植树绿化，做到见树不见墓。

4. 优化产业结构，促进生活富裕

产业兴旺是乡村全面振兴的基础和关键。农村产业振兴，农民的收入不断提高，才能促进农村的经济发展，农民才能实现生活富裕。董扁村由于地理位置条件适宜种茶，从20世纪60年代就开始种植茶叶，到2003年，在村党组织的带领下大量种植、嫁接高优生态茶，增加茶叶产量，董扁村每年茶叶产量为345吨，总收入为460万元；2006年至2008年大量种植核桃，现在每年核桃产量为245吨，总收入为260万元，以茶叶、核桃为主的收入可保障村民的日常基本生活支出。董扁村位于凤庆县城周边，有一部分村民通过网络平台开网约车谋生，多数年轻人外出务工，董扁村整体经济收入每年都以10%的速度增长。在董扁村党组织的积极带领下，董扁村基础设施完善，农村的人居环境得到改善，生活幸福，社会和谐稳定。

（三）董扁村党组织在乡村振兴建设中领导作用现状调研

1. 领导核心和战斗堡垒

由表1、表2可知，董扁村党员对党的基本理论和时事政策有广泛的认识，特别是对乡村振兴战略的学习比较充分，但是对于新的政策学习还是有待提高。从董扁村村民对于政策学习分布情况可以看出，村民对于贴近民生的政策认知情况比较理想，但是对于党的理论学习情况不太理想。总体来看，无论是党员还是群众，对时事都比较了解，但对政策时事的学习，群众的学习情况不如党员的学习情况，并且有一定的相关性，可以看出，党员的学习情况影响着群众对政策的认知程度。

表1　董扁村组织政策学习了解情况分布　　　　　单位：%

分类	党的基本理论		时事政策		
关键词	党的十九大报告	十九届六中全会公报	乡村振兴战略	中央一号文件	七个专项活动
党员	74	60	92	46	66
群众	48.7	25.3	72.1	42.8	53

由表3可知，党员的学习的主要方式是开会培训、看电视、政策文件以及"学习强国"App，而群众的学习方式主要是看电视、公告标语和政策文件以及村干部宣传，很少通过开会培训学习。笔者走访的过程中发现，公告标语是七个专项行动和乡村振兴战略，不会涉及党的一些理论，关于党的理论是通过开会宣传，除了党员会参与开会外，村民多数忙于生计不会主动参加会议，导致群众缺乏党的理论学习。

表2　董扁村党员和群众对时事的了解情况　　　　　单位：%

分类	疫情防控形势	中老铁路开通
党员	100	88.68
群众	95	64

表3　董扁村党员和群众对政策时事了解的主要方式　　　　　单位：%

分类	开会培训	村干部宣传	看电视	政策文件	公告标语	"学习强国"App	新闻网页
党员	92	36	74	60	30	64	34
群众	6.4	53	80	56.3	64.7	15.7	40.6

2. 引领发展经济

农村集体经济是农村经济发展的重要组成部分，村级党组织带领农民群众发展适宜农村发展的集体经济，是推动乡村振兴的重要途径，是维护农村社会和谐稳定的重要保证。

3. 民主建设方面

笔者在走访过程中发现，董扁村在推动民主建设过程中，缺乏系统的理论体系。只有"四议两公开"、村规民约，但通过了解村规民约的内容，其中没有关于村民自治的相关规定，以及缺乏自治章程的规范设置。

如图1所示，董扁村村民面对重大问题出现意见不一致的情况调查中，只有46.01％的村民认为需要经过讨论表决处理，有超过20.29％的村民不知道要如何解决，也存在听书记的、请示上级的情况。总体来看，董扁村村民对于村级重大事务缺乏当家作主的态度。

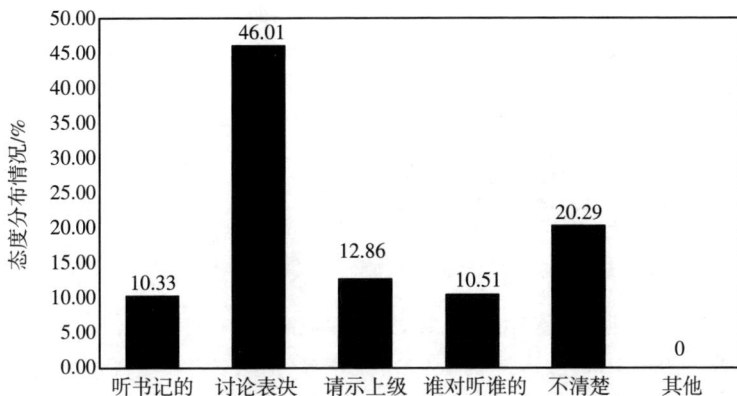

图1　董扁村村民面对不同意见时态度情况分布表

通过对党员存在不同意见时的态度情况进行调查，竟然仅有76.74％的党员知道要经过讨论表决，其余的是听书记的、请示上级和谁对听谁的。总体看来，村民不热心村级重大事务的参与。一方面，可能是缺乏村级党组织的引导；另一方面，通过笔者走访了解到，董扁村村干部任期都比较长，书记和监委会主任从2000年10月任职至今，副书记和妇女主任任职超过10年，所以村民较信任村干部，不爱过问村里的事务。

表4　董扁村党员存在不同意见时态度情况分布表

分类	听书记的	讨论表决	请示上级	谁对听谁的	不清楚	其他
比例	1.96％	76.74％	7.84％	13.46％	0％	0％

4. 联系群众的桥梁和纽带

如图2所示，董扁村村民对于村级党组织在通信、照明、贷款补贴等基础设施方面采取的措施都比较认可，体现出董扁村党支部比较重视民生问题的解决，为董扁村建设生态宜居的环境奠定了良好的基础，超过80％的村民对党组织采取的相关措施持满意态度，见表5。此外，部分村民认为，在污水治理和医疗两个方面，村党组织也采取了相应的措施。笔者通过走访了解到，董扁村每个小组都建设了氧化塘，对生活废水和污水进行统一的处理，党员负责氧化塘的日常管理和维护。董扁村卫生室的两名医务人员也是党员，他们日常的工作主要是为村民提供简单的医疗救助，定期入户为老年人进行常规的血压测量和身体状况询问，及时向村里的妇女普及一些妇科知识，定期入户向孕妇和产妇进行心理疏导，及时掌握村民的健康动态。

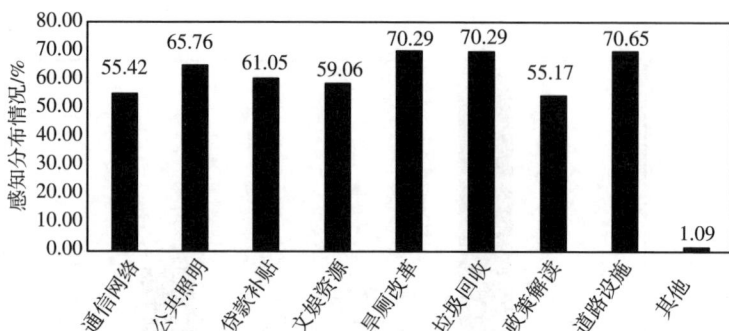

图2　董扁村村民对党组织采取措施的认可情况

表5　董扁村村民对村干部（党组织）提供的相关改善措施满意情况表

分类	非常满意	比较满意	一般	不满意	非常不满意
比例/%	44.2	40.76	13.95	1.09	0

在图3村干部办理村民业务时的态度调研中，超过85%的村民认为是热情服务，帮助村民及时解决。董扁村党组织在服务农户、解决村民疑难问题上，充分得到村民的认可，让村民在日常生活中有充足的安全感和幸福感，很信赖村干部。在民生基础工程上，董扁村党组织充分发挥模范带头作用，坚持群众路线，得到了农户的拥戴。

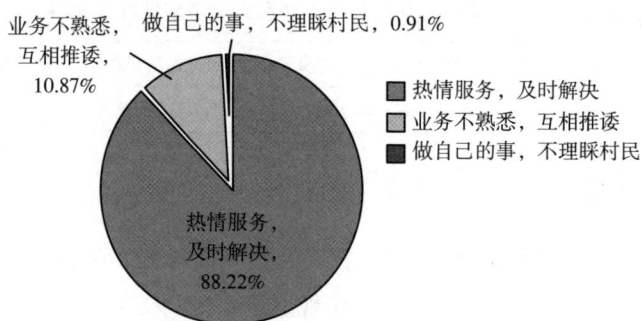

图3　村干部在办理村民业务时的态度情况分布图

5. 维护社会稳定

笔者通过走访调查发现，由于董扁村辖区面积小、人口少，在扫黑除恶斗争中，董扁村不存在"村霸"、官官相护、聚众聚资赌博等现象。村党组织通过不同的手段进行法治宣传，特别是近一年来董扁村党员自主地向农户宣传一些防诈骗常识和手段，提升了村民的反诈能力。2020年疫情期间，董扁村党组织成员以身作则坚守在卡点，服务群众。现在应对疫情，通过网格化管理及时掌握本村人员打疫苗的情况以及村民的活动情况，对每家农户进行动态监测；安排党员对在外务工人员通过打电话询问的方式进行及时的疫情防范宣传。

图4中董扁村党组织成员处理邻里纠纷的态度情况显示，董扁村党组织成员在处理邻里纠纷时的态度，大部分党员持主动协调的态度，但部分党员在邻里有需要时才会提供帮助，极少部分党员持自己不应过问的态度；遇到村民反映一些民生问题时，党员都会先在自己力所能及的范围内及时帮忙解决，再向上级部门反映。董扁村党组织成员在防诈骗宣传、疫情防控上能够做到自主、尽职尽责，处理邻里纠纷和解决村民反映民生问题时知道自己的职责任务，维护了董扁村基本的社会稳定。

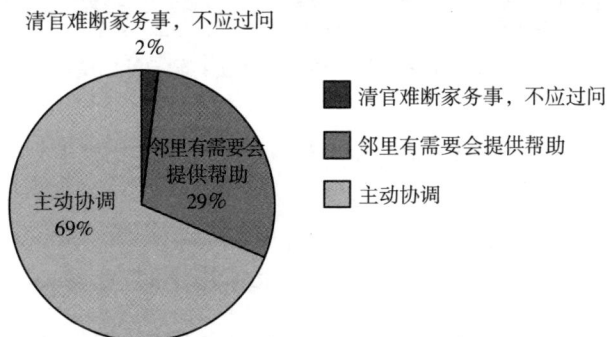

图4　董扁村党组织成员处理邻里纠纷的态度情况

6. 精神文明建设的教育引导

通过对闲暇时间的科学利用，可以促进社会文明的发展。由表6可知，董扁村村民对闲暇时间的利用，大部分是消遣娱乐，仅有40%左右的人会选择阅读书报，较少数的人跳广场舞，个别会锻炼身体。村民没有利用好闲暇时间有一部分原因是党员没有起到良好的模范作用。数据显示，党员在闲暇时间主要是阅读书报和看电视，还有一部分是闲聊和玩手机，跳广场舞的参与度低，主要原因可能是党员年龄偏大，女性党员数量较少。

表6　董扁村村民对闲暇时间的利用情况表　　　　　　单位：%

分类	跳广场舞	打纸牌	闲聊	玩手机	看电视	阅读书报	其他
党员	24.53	7.55	33.96	43.4	71.7	71.7	9.43
群众	29.17	45.83	60.33	68.84	75.36	40.4	4.35

如图5所示，通过对董扁村村民对身边存在的陋习进行调研，结合笔者的走访观察，董扁村存在严重的封建迷信、薄养厚葬、重男轻女、攀比虚荣的陋习。笔者通过观察，总结存在陋习的原因之一是董扁村的村规民约对这些部分内容没有做出要求，对这些陋习不是很重视；原因之二是党员和群众的闲暇时间没有科学地利用起来，农户聚在一起闲聊，就容易产生攀比心理。

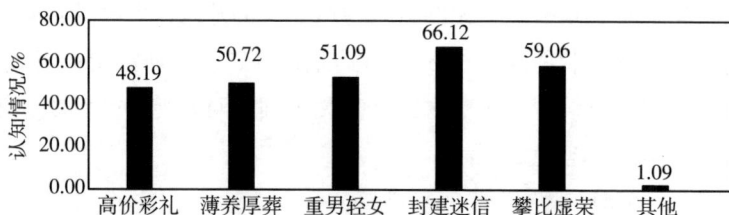

图5　董扁村村民对身边存在的陋习认知情况

四、董扁村党组织在乡村振兴中存在的问题

（一）村级党组织建设薄弱，模范作用不足

通过对董扁村的调查，发现董扁村党组织存在党员人数较少、女性党员过少、年龄偏大、学历偏低的问题。董扁村党员人数占全体村民的比例为3.96%，低于全国党员占全国总人口的比例。50岁以上党员占比51.3%，年龄偏大。学历为初中及以下的党员人数为58人，占比为76.3%，总体学历偏低。年龄偏大、受教育水平低是导致董扁村党员眼界受阻、本领不足的主要原因。董扁村女性党员过少（占党员总数18.4%），低于全国平均水平（截至2021年6月，全国党员中女性党员占比28.8%。），不利于党组织开展妇女工作，也容易在决策中忽视妇女权益，不利于在乡村振兴中发挥妇女的积极性、主动性和创造性。党员年龄总体偏大，导致党员对新媒体利用不够，主要表现在一部分党员对新媒体学习会有顾虑，不会使用微信微博进行学习；老党员不太会使用新媒体进行学习，对"学习强国"、"云岭先锋"等App使用率低。党员在精神文明建设中起模范作用不足。因此，董扁村村党组织在人才振兴方面有待进一

步发力。

（二）村党组织领导经济发展能力有待提高

经济基础决定上层建筑，乡村振兴过程中发展农村集体经济，是实现乡村振兴的重要途径，是巩固农村政权的基础，是维护农村社会和谐稳定的重要手段。

董扁村党组织领导经济发展能力有待提高，原因之一是在党员中缺乏带领大家共同致富的经济型人才。目前来看，董扁村对经济政策的解读、落实主要依靠党员干部和党员来实现。但是，董扁村党员的整体文化素质不够高，缺乏经济学常识和市场经济等方面的专业知识，导致他们经济引领能力匮乏，很难为当地的经济建设贡献自己的力量，出现了村党组织对引领经济有心无力，党员带动力不足，影响力下降，村民靠经验做事的情况。原因之二是村党组织带领农村经济发展观念滞后，没有及时掌握最新的情况，对一些政策理解不到位；党员干部学习不够深入，思维缺乏开拓性。主要是因为党员的文化水平整体较低，缺乏经济发展知识，在经济发展方面没有可发挥的空间，想法缺乏创造性和新颖性，长此以往导致工作积极性不高，缺乏建设集体经济的思维。

（三）人才流失严重，村民自治意识薄弱

村级党组织存在吸引力不强、现任党员干部不足的问题。笔者走访调查发现，村干部的收入比外出务工人员人均收入低很多。农村工作具有复杂性，工作强度与收入待遇不成正比，导致本村大学生不愿回村发展，即便通过考试招进的优秀人才也很难留住。在2019年12月，县政府统一招聘了一批大学生基层工作者，董扁村也招收了2名优秀大学毕业生。但目前为止，董扁村已有1名大学生基层工作者考录到了机关事业单位。笔者通过观察发现，董扁村大部分"90后"都受过高等教育，但都选择了在外就业，回农村发展的少之又少。人才流失问题严重，村党组织后备人数及人员水平令人忧心。在董扁村，村干部人选出现有能力者不想干、没有能力者干不了的情况。

农民是农村治理主体的构成部分，也是最重要的主体。在农村充分发挥村民的参与积极性是实现共同治理的一项重要指标，事实上在绝大多数村民自治意识淡薄且很少主动参与农村社会治理活动。笔者通过走访发现，一方面，董扁村主要干部从2000年10月一直任职至今，农户信任村干部，即使村务做到"四议两公开"，也很少有村民会去详细了解；另一方面，有些村民忙于实现自

己家庭收入的提高，将更多的精力投入到创收上，而无意于耗费精力参与农村治理。本文通过调查分析，找出了董扁村村党组织在人才结构、人才使用中的问题所在，这样便可以在人才振兴过程中"对症下药"。

五、关于董扁村党组织在乡村振兴中存在问题的对策

（一）优化党员结构，加强思想政治建设

《中国共产党农村基层组织工作条例》①中要求，党的农村基层组织应当按照控制总量、优化结构、提高质量、发挥作用的总要求和有关规定，把政治标准放在首位，做好发展党员工作。扩大党员队伍，要注重吸收肯办实事、能始终站在农户利益思考的、认同党的宗旨的优秀分子；党员的发展要考虑女性积极分子，注意吸收女性积极分子入党，不仅可以平衡村党组织的男女比例，而且有利于开展村里妇女的工作；党员发展多维度考虑，可从综合个人品行、对村集体的贡献等多个方面对入党人员进行考察，把干实事的人才挖掘出来，避免村党组织入党名额被浪费，激发村党组织的活力。

"问渠那得清如许？为有源头活水来"，村党组织是村民学习国家政策的源头活水和指路明灯，党员在理论学习和理论政策宣传上必须有责任感和紧迫感。每名党员应自觉地将学习习近平新时代中国特色社会主义思想列为学习的首要任务，在学习的同时向身边的人宣传，将理论与实际相结合，提高解决问题的能力；村党组织要学会创新党员的学习形式，除了"三会一课"的学习形式外，也要学会利用科技手段，如"学习强国"App和"云岭先锋"App。对于年龄大不会灵活使用智能手机的党员，可统一时间进行面对面的教学，村党组织通过"学习强国"App的学习积分和"云岭先锋"App的先锋值及时掌握党员的学习情况，一定程度上可提高党员的学习效率。党员带头学习落实党的政策，党员思想觉悟得到加强的同时也提高了村民的思想觉悟。

（二）培养生产经营型人才，发展壮大集体经济

生产经营型人才是经济发展的助推剂。村党组织应提倡外出务工者回村创

---

① 中国共产党中央委员会. 中国共产党农村基层组织工作条例[M]. 北京:人民出版社,
2019.

业，发挥外出务工者的优势和长处，鼓励他们为本村发展服务；选拔出具有政治意识和带头作用的领头人，因地制宜地找到本村经济发展的有效途径，帮助村民实现共同富裕；积极落实上级政策，通过党员入户宣传，以身作则参加人社局提供的各种技能培训，将村民培养成为技术型的农民，提高村民的农业技术能力和道德素养，把学到的农业经济管理方法和农业技术应用到经济发展中。

由村党组织牵头，发展壮大董扁村集体经济，打造特色产业品牌。由村委会主导，推动成立本村合作社，整合村内现有分散的茶叶、核桃初制所，吸纳各初制所以技术、销售资源入股，农户以产品资源入股，实现抱团发展。针对牲畜产业规模较小的问题，可进一步由村委会牵头，联合周边村庄共同组建牲畜养殖合作社，整合多方资源拓展销售渠道。通过以上举措，切实推动董扁村第一产业与第二、三产业深度融合，实现资源优化配置和产业提质增效。

（三）完善村民参与治理的机制

乡村振兴战略的提出和实施更加凸显了农民在乡村振兴中的重要地位。"人"是德治、法治、自治建设的核心主体，因此，要在农村治理过程中充分发挥农民的主体作用，健全其参与治理机制。通过不断完善基层民主决策程序，深化村民参与基层自治方式，拓宽参与治理路径，维护村民的基本权利，从而调动村民直接参与村务治理的积极性与主动性，为村民参与治理提供条件。制定村民自治章程，将村民的自治权利和义务告知农户，有效增强村民公共参与乡村管理的获得感、满意度，激发村民的自治意识，逐步让村民主体成为乡村振兴的实际受益者。

（四）提高待遇，凝聚各方人才，提升村级党组织引领功能

目前，乡村人才流失、农村空心化是乡村振兴战略背景下普遍存在的问题，人才是全面推进乡村振兴的关键。不仅要引进人才，更要培养人才。党员带头引领村民参加人社部门技能培训，提升农业技能。通过集中培训、进修深造、参观学习等多种方式，加强农村人才队伍建设。村党组织要注重培养本土人才，以乡情为纽带吸引在外人才回乡发展，为家乡繁荣发展贡献自己的力量，一起推进乡村实现全面振兴。村党组织积极鼓励致富能人、受过高等教育者优先进入预备党员和村干部后备队伍，努力发挥村党组织的资源整合功能，汇聚起共谋乡村振兴的人才和智慧力量。笔者通过调查发现，待遇低、一岗多

职不利于党员开展乡村振兴工作。要想人才汇聚在农村，吸引外地有识之士，可从医疗保障、子女就学等各方面给予人才真正的社会福利，消除他们在农村发展的顾虑，让农村成为人才发挥才能的"香饽饽"。

六、结语

村级党组织是党的执政之基，是带领广大群众实现共同富裕的战斗堡垒，是国家、党和人民群众的纽带，在党对农村的各项工作中起着非常重要的领导作用，直接影响着乡村振兴战略的有效推进。

笔者通过对村级党组织在乡村振兴中的领导作用进行总结分析得出，董扁村党组织比较重视民生问题，维护社会稳定，村民很拥护村干部。村党组织始终坚持以中国共产党为领导核心，特别重视本村的基础设施完善，注重生态环境的维护，村民生活的幸福指数很高，党组织在群众之间发挥着良好的桥梁和纽带作用。通过数据分析和实地走访，笔者也发现了本村的民主建设存在缺失，大部分原因是村民民主意识薄弱，并且太过于依赖村级党组织；还有部分原因是本村人才缺失，导致村党组织年龄结构老龄化，带头致富能力和战斗堡垒作用不足。笔者就发现的问题提出了村级党组织在乡村振兴中更好地发挥领导作用的参考性对策。

要想解决村级党组织在乡村振兴中带头致富能力不足、村民做事缺乏积极性等问题，就要充分发挥村级党组织中的人才力量，提高思想政治能力，回引人才，实现乡村人才振兴，才能共同为乡村振兴效力。

参考文献

［1］ 中国共产党中央委员会.中国共产党农村基层组织工作条例［M］.北京:人民出版社,2019.

［2］ 乡村振兴战略规划(2018—2022年)［M］.北京:人民出版社,2018.

［3］ 中共中央 国务院关于实现巩固拓展脱贫攻坚成果同乡村振兴有效衔接的意见［M］.北京:人民出版社,2021.

［4］ 中共中央 国务院关于做好2022年全面推进乡村振兴重点工作的意见［M］.北京:人民出版社,2022.

［5］ 中国共产党章程［M］.北京:人民出版社,2017.

［6］ 习近平.论坚持人民当家作主［M］.北京:中央文献出版社,2021.

［7］ 2019年中共中央关于坚持和完善中国特色社会主义制度、推进国家治理体系和治理能力现代化若干重大问题的决定 辅导读本［M］.北京:人民出版社,2019.

［8］ 中央农村工作会议在北京举行 习近平李克强作重要讲话［N］.人民日报,2013-12-25(01).

［9］ 周芸.建强堡垒 秀美修文启新程［N］.贵阳日报,2021-07-01(T63).

［10］ 季福田.夯实党建根基 助推乡村振兴［J］.山东干部函授大学学报(理论学习),2020(9):26-29.

［11］ 习近平.党要管党 从严治党［J］.党建,2013(8):1.

［12］ 中共中央 国务院关于坚持农业农村优先发展做好"三农"工作的若干意见［M］.北京:人民出版社,2019.

［13］ 习近平.决取全面建成小康社会 夺取新时代中国特色社会主义伟大胜利:在中国共产党第十九次全国代表大会上的报告［M］.北京:人民出版社,2017.

后　记

党的二十大报告明确指出，"加强边疆地区建设，推进兴边富民、稳边固边"，这为边境治理工作指明了方向。边境地区，这片广袤而充满潜力的土地，既承载着独特的历史文化，又肩负着巩固边防、促进民族团结、推动经济发展的重任。乡村振兴战略的提出，为边境乡村带来了前所未有的发展机遇，人才振兴成为实现这一宏伟目标的关键驱动力。当我们深入研究边境乡村的发展现状时，不难发现，尽管这些地区拥有丰富的自然资源和文化资源，但长期以来，由于受地理位置偏远、交通不便、经济基础薄弱等因素的制约，发展相对滞后。随着国家对乡村振兴的高度重视和一系列政策的出台，边境乡村迎来了发展的春天。在这个过程中，人才的重要性越发凸显。

在"应用型人才培养"的总体思路下，笔者团队所在的学院通过10余年的探索，形成了一套以学生为中心、以理论知识为基础、以实践能力为突破口的"四级一体"应用型人才培养模式。在实践课程体系的配套改革下，学生能够在指导教师的悉心指导下，深入基层政府、村寨，开展扎实的社会调查，把论文写在祖国的大地上，形成了一批较有代表性的论文（调查报告），为相关研究的开展提供了较丰富的案例素材。

我们应当清醒地认识到，边境乡村振兴尤其是人才振兴仍然面临诸多挑战。例如，人才流失问题依然存在，人才培养体系还不够完善，人才发展环境还有待进一步优化等。但我们相信，只要坚持以乡村振兴战略为指导，不断创新人才工作机制，加大人才培养和引进力度，优化人才发展环境，就一定能够吸引更多的人才扎根边境乡村，为边境乡村的发展贡献力量。随着国家对乡村振兴的持续投入和政策的不断完善，边境乡村的发展前景将更加广阔。希望本书能够为关心和支持边境乡村振兴的人们提供一些有益的参考和借鉴，也希望能够引起更多人对边境乡村振兴和人才振兴的关注和重视。

本书的出版，得到了东北大学出版社的大力支持，感谢各位编辑给予的意见和建议。感谢政府管理学院多年来办学经验的积累。在本书写作的过程中，编者参考了大量学者相关的研究成果，在此一并对相关学者表示衷心地感谢。学识所限，书中难免存在疏漏，恳请专家学者予以批评指正。

编 者

2025 年 3 月